LE GUIDE ULTIME DE LA TRANSFORMATION DIGITALE

Comment les PME Peuvent Innover et Prospérer

Cedric Yumba K.

TABLE DES MATIÈRES

INTRODUCTION

Dans le paysage économique actuel, la transformation numérique est devenue un impératif pour les petites et moyennes entreprises (PME) qui souhaitent rester compétitives et prospères. Face à l'évolution rapide des technologies et aux attentes croissantes des consommateurs, les PME doivent s'adapter pour survivre et saisir les nouvelles opportunités offertes par le numérique.

Ce livre a pour objectif de démystifier le processus de transformation numérique et de fournir un guide pratique destiné aux PME. Nous allons explorer des stratégies concrètes, des outils essentiels et des exemples réels pour accompagner les entreprises à chaque étape de leur parcours numérique. Que vous soyez au début de votre transformation ou que vous cherchiez à optimiser vos efforts actuels, ce guide est conçu pour vous aider à naviguer dans ce paysage en constante évolution.

Nous commencerons par une compréhension approfondie de ce qu'est la transformation numérique et pourquoi elle est cruciale pour les PME. Ensuite, nous analyserons l'état actuel de votre entreprise à travers une évaluation SWOT numérique et un audit de vos infrastructures et systèmes existants. Nous aborderons également l'importance de la culture d'entreprise, le choix des technologies adaptées et la digitalisation des processus métiers.

Enfin, nous explorerons des stratégies pour engager efficacement vos clients à l'ère numérique et comment suivre et évaluer les progrès réalisés. Chaque PME a un parcours unique dans sa transformation numérique, et l'objectif de ce livre est de vous fournir les connaissances et les outils nécessaires pour assurer la croissance et la prospérité de votre entreprise à long terme.

Préparez-vous à transformer votre PME et à exploiter pleinement les avantages de la révolution numérique. Bienvenue dans l'ère digitale !

CHAPITRE 1 : COMPRENDRE LA TRANSFORMATION NUMÉRIQUE

Pour commencer, il est essentiel de plonger plus profondément pour comprendre ce qu'implique véritablement ce processus. La transformation numérique ne se limite pas à l'adoption de nouvelles technologies ; elle englobe une refonte complète des processus métiers et de la culture d'entreprise. Dans ce chapitre, nous allons explorer les fondements de la transformation numérique, les technologies clés qui la sous-tendent et les impacts profonds qu'elle peut avoir sur les PME.

1.1 Les fondamentaux de la transformation numérique

La transformation numérique constitue l'intégration des technologies digitales dans l'ensemble des activités d'une entreprise, modifiant profondément la manière dont elle opère et délivre de la valeur à ses clients. Ce processus va bien au-delà de la simple adoption de nouvelles technologies ; il implique une refonte complète des processus métiers, des modèles économiques et de la culture d'entreprise.

Qu'est-ce que la transformation numérique ?

La transformation numérique désigne l'ensemble des changements liés à l'intégration des technologies digitales dans toutes les dimensions de l'entreprise. Cela inclut :

- Numérisation : Conversion des formats physiques à des formats numériques (ex. : documents papier numérisés).
- Digitalisation : Utilisation de technologies digitales pour améliorer les processus existants (ex. : adoption de systèmes de gestion électronique des documents).
- Transformation numérique : Repenser et transformer les processus, produits, et modèles économiques grâce aux technologies digitales (ex. : adaptation d'une stratégie axée sur le client basée sur l'analyse de données en temps réel).

Technologies clés

Certaines technologies sont fondamentales pour la transformation numérique et représentent souvent le point de départ de ce processus. Voici les plus notables :

- Cloud computing : Offre la possibilité de stocker et d'accéder aux données et aux applications sur des serveurs distants au lieu de dépendre d'infrastructures locales. Les entreprises peuvent ainsi bénéficier de flexibilité, de scalabilité et de réduction des coûts opérationnels.

- Big Data :*Désigne l'exploitation de larges volumes de données pour en tirer des insights stratégiques. Collecter, analyser et interpréter ces données permettent aux entreprises de mieux comprendre les tendances du marché, les comportements des clients, et d'optimiser leurs opérations.

- Internet des Objets (IoT) : Connecte des objets physiques à internet, permettant la collecte et l'échange de données. L'IoT est utilisé pour améliorer l'efficacité des processus, comme la gestion des stocks, la maintenance prédictive et l'automatisation des tâches.

- Intelligence Artificielle (IA) :Inclut des systèmes capables de simuler des processus humains tels que l'apprentissage et la prise de décision. L'IA est déployée pour automatiser des tâches complexes, améliorer le service client avec des chatbots, et réaliser des analyses prédictives.

- Blockchain : Une technologie de registre décentralisé qui sécurise et vérifie les transactions. La blockchain est utilisée pour garantir la transparence et la confiance dans des secteurs tels que la finance, la gestion de la chaîne d'approvisionnement, et plus encore.

Impacts sur les processus métiers et les modèles économiques

La transformation numérique influe sur plusieurs aspects fonctionnels et stratégiques des PME :

- Automatisation des processus : Les technologies digitales permettent d'automatiser des tâches répétitives et laborieuses, ce qui libère du temps pour des activités à plus forte valeur ajoutée et réduit les erreurs humaines. Par exemple, l'utilisation de robots logiciels (RPA) pour la saisie de données ou de l'IA pour la classification des emails.

- Amélioration de l'expérience client : Les attentes des clients évoluent avec les technologies. Les entreprises doivent désormais offrir des interactions transparentes, personnalisées et en temps réel. L'adoption de plateformes de gestion de la relation client (CRM) et d'analyses de données aide les PME à mieux comprendre et répondre aux besoins des clients.

- Nouveaux modèles économiques : Les technologies permettent de créer des modèles d'affaires innovants, tels que les plateformes de services en ligne, l'économie de l'abonnement, ou les marketplaces numériques. Les entreprises peuvent ainsi explorer de nouvelles sources de revenus.

- Flexibilité et agilité organisationnelle : L'adoption du travail à distance, facilité par le cloud et les outils de collaboration en ligne, rend les entreprises plus agiles et réactives. Elles peuvent ajuster rapidement leurs activités face aux changements du marché.

En conclusion, une PME ne peut se permettre d'ignorer la transformation numérique. Comprendre ses fondamentaux et les technologies clés est essentiel pour initier ce changement, aligner la stratégie d'entreprise avec les nouvelles réalités digitales et en tirer pleinement parti.

1.2 Pourquoi la transformation numérique est cruciale pour les PME

Pour les petites et moyennes entreprises (PME), la transformation numérique est bien plus qu'une simple modernisation. Elle est essentielle pour leur survie et leur croissance dans un marché de plus en plus compétitif et globalisé. Ce point explore les raisons pour lesquelles les PME doivent impérativement embrasser la transformation numérique.

Adaptation aux nouvelles attentes des clients

Les comportements et les attentes des clients ont évolué de manière significative avec l'essor des technologies digitales. Les clients cherchent désormais des expériences personnalisées, fluides et rapides. Quelques points clés incluent :

- Réactivité et accessibilité : Les clients s'attendent à pouvoir interagir avec les entreprises à tout moment et depuis n'importe quel appareil. Adopter des canaux numériques tels que les réseaux sociaux, les applications mobiles et les sites web réactifs est devenu crucial.

- Personnalisation : Grâce aux analyses de données, les PME peuvent mieux comprendre les préférences de leurs clients et offrir des services et des produits adaptés. Les outils de CRM et de marketing automatisé jouent un rôle important pour personnaliser les interactions et améliorer la satisfaction client.

Réduction des coûts opérationnels

La transformation numérique permet aux PME de réduire leurs coûts de manière significative et d'améliorer leurs marges opérationnelles. Voici comment :

- Automatisation des tâches : La digitalisation permet d'automatiser des processus répétitifs et manuels, ce qui réduit le besoin en main-d'œuvre et diminue les erreurs liées aux interventions humaines. Par exemple, l'automatisation des factures et des paiements.

- Optimisation des ressources : L'utilisation de systèmes ERP (Enterprise Resource Planning) aide à optimiser la gestion des ressources, en éliminant les inefficacités et en améliorant la coordination entre les différents départements. Les PME peuvent ainsi mieux planifier et allouer leurs ressources.

- Réduction des coûts d'infrastructure : La migration vers le cloud permet aux entreprises de réduire leurs coûts d'infrastructure, en évitant les investissements lourds dans des serveurs et en réduisant les coûts de maintenance. Elles paient seulement pour ce qu'elles utilisent.

Amélioration de la prise de décision grâce à la data

Les données jouent un rôle central dans la transformation numérique. La collecte et l'analyse de données permettent aux PME de prendre des décisions plus informées et stratégiques. Plusieurs avantages en découlent :

- Insights basés sur les données : L'analyse des données clients, des performances de vente et des tendances du marché permet de dégager des insights précieux. Les entreprises peuvent ainsi adapter leurs stratégies marketing, optimiser leurs offres de produits et anticiper les besoins futurs.

- Suivi en temps réel : Les technologies digitales offrent la possibilité de surveiller les opérations en temps réel. Les tableaux de bord analytiques et les outils de business intelligence permettent de suivre les indicateurs clés de performance (KPI) et de réagir rapidement aux anomalies ou aux opportunités.

- Prédiction et planification : Les outils d'analyses prédictives utilisent des algorithmes de machine learning pour prévoir des tendances futures et planifier en conséquence. Par exemple, prévoir la demande saisonnière pour gérer les stocks de manière plus efficace.

En conclusion, la transformation numérique offre aux PME une opportunité unique de se moderniser, de rationaliser leurs opérations et de mieux répondre aux attentes des clients. Ignorer cette transformation pose un risque majeur, car les entreprises qui n'adoptent pas les technologies digitales peuvent rapidement se retrouver dépassées par des concurrents plus agiles et innovants. La transformation numérique n'est donc pas seulement une stratégie de croissance, mais une condition sine qua non pour la pérennité et le succès des PME dans l'économie moderne.

CHAPITRE 2 : ÉVALUER L'ÉTAT ACTUEL DE VOTRE PME

Maintenant que nous avons une compréhension claire de ce qu'est la transformation numérique, la prochaine étape consiste à évaluer l'état actuel de votre entreprise. Avant de pouvoir élaborer une stratégie efficace, il est crucial de connaître vos points forts et vos faiblesses, ainsi que les opportunités et les menaces qui se présentent à vous. Ce chapitre vous guidera à travers une analyse SWOT numérique et un audit de vos infrastructures et systèmes existants, vous fournissant une base solide pour planifier votre transformation numérique.

2.1 Analyse SWOT numérique (Forces, Faiblesses, Opportunités, Menaces)

L'analyse SWOT (Strengths, Weaknesses, Opportunities, Threats) est un outil stratégique précieux pour évaluer l'état actuel de votre entreprise dans le contexte de la transformation numérique. Cette méthode vous permet d'identifier vos forces et faiblesses internes ainsi que les opportunités et menaces externes. Appliquer cette analyse à votre paysage numérique vous offre une vision claire pour planifier vos prochaines étapes.

Comment réaliser une analyse SWOT

Pour effectuer une analyse SWOT numérique, suivez ces étapes :

1. Constituer une équipe multidisciplinaire :Rassemblez des membres de différents départements pour obtenir une vision complète de l'entreprise.
2. Collecter des données :Recueillez des informations à partir de diverses sources telles que les rapports financiers, les retours du service client, les audits technologiques et les analyses de marché.
3. Organiser des sessions de brainstorming : Utilisez des ateliers collaboratifs pour dresser une liste de vos forces, faiblesses, opportunités et menaces.
4. Prioriser les éléments : Classez chaque élément par ordre de priorité pour focaliser vos efforts sur les points les plus critiques.
5. Documenter et communiquer :Formalisez les résultats de votre analyse dans un document partagé avec l'ensemble de l'équipe.

Interprétation des résultats

Une fois votre analyse SWOT numérique réalisée, il est temps de l'interpréter et de l'utiliser pour guider votre stratégie digitale.

- Forces (Strengths) : Identifiez les atouts numériques de votre PME. Cela peut inclure une infrastructure technologique robuste, une équipe compétente en IT, ou des processus déjà digitalisés. Utilisez ces forces pour bâtir votre stratégie de transformation numérique.

- Faiblesses (Weaknesses) : Repérez les points faibles qui pourraient freiner votre transformation numérique. Par exemple, une dépendance à des systèmes obsolètes, un manque de compétences digitales parmi le personnel, ou une résistance au changement. Les faiblesses doivent être abordées rapidement pour éviter qu'elles ne compromettent vos efforts.

- Opportunités (Opportunities) : Identifiez les opportunités externes qui peuvent accélérer votre transformation numérique. Cela inclut les tendances du marché, les avancées technologiques, les subventions gouvernementales, ou les nouveaux segments de marché. Exploitez ces opportunités pour augmenter votre compétitivité et générer de nouvelles sources de revenus.

- Menaces (Threats) : Évaluez les menaces externes qui peuvent poser des défis à votre transformation numérique, comme la concurrence accrue, les cybermenaces, les évolutions réglementaires, ou les perturbations économiques. Préparez des plans de contingence pour mitiger ces risques.

L'analyse SWOT numérique permet de dresser une cartographie claire de l'état actuel de votre entreprise et de définir des priorités stratégiques. En combinant cette analyse avec un audit approfondi de vos infrastructures et systèmes existants, vous pourrez élaborer une feuille de route précise pour votre transformation numérique, alignée sur vos forces et opportunités, tout en anticipant et en atténuant vos faiblesses et menaces.

2.2 Audit des infrastructures et systèmes existants

Un audit des infrastructures et systèmes existants est une étape essentielle pour comprendre l'état actuel de votre transformation numérique. Cela vous permet de mieux évaluer vos capacités technologiques, d'identifier les lacunes et de définir les priorités pour les mises à niveau nécessaires. Un audit bien mené offre une base solide pour planifier votre feuille de route numérique.

Évaluation des systèmes actuels

Pour débuter l'audit, il convient d'examiner en détail les composants clés de votre infrastructure technologique :

- Inventaire des équipements matériels : Dressez une liste exhaustive de tous les matériels informatiques, y compris les serveurs, les ordinateurs, les périphériques réseau, et les équipements de stockage. Notez l'état, l'âge et la performance de chaque élément.
- Recensement des logiciels et applications : Établissez un inventaire des logiciels utilisés, en incluant les systèmes d'exploitation, les applications métiers, les outils de productivité, et les solutions de sécurité. Vérifiez les versions et les licences pour vous assurer qu'ils sont à jour.
- Réseaux et connectivité : Analysez la configuration de votre réseau, y compris les routeurs, les commutateurs, la bande passante et les protocoles de sécurité. Évaluez la fiabilité, la vitesse et les vulnérabilités potentielles.
- Stockage et gestion des données : Évaluez vos systèmes de stockage de données, en vérifiant leur capacité, leur efficacité et leur niveau de redondance. Considérez également vos pratiques de sauvegarde et de récupération de données pour assurer la continuité des affaires.

- Systèmes de sécurité : Passez en revue vos mesures de sécurité actuelles, telles que les pare-feu, les antivirus, les logiciels de détection d'intrusion, et les politiques de gestion des accès. Identifiez les failles de sécurité et les domaines nécessitant une amélioration.

Identification des besoins et des priorités

Après avoir dressé un état des lieux détaillé, il est temps d'identifier les besoins et de classer les priorités pour les améliorations. Vous devez vous concentrer sur les domaines qui auront le plus grand impact sur votre productivité, votre sécurité et votre capacité à innover. Voici quelques étapes clés pour y parvenir :

- Analyse de l'alignement stratégique : Assurez-vous que vos infrastructures actuelles soutiennent vos objectifs stratégiques. Par exemple, si votre vision inclut une expansion dans l'e-commerce, vérifiez que vos systèmes peuvent supporter une augmentation du trafic en ligne et des transactions sécurisées.
- Évaluation des écarts technologiques : Comparez vos infrastructures actuelles avec les standards et meilleures pratiques de l'industrie. Identifiez les écarts significatifs et évaluez leur impact potentiel sur vos opérations.
- Planification des mises à niveau : Établissez un plan pour améliorer ou remplacer les systèmes obsolètes et renforcer les composants faibles. Priorisez les mises à niveau en fonction de leur urgence et de leur impact stratégique.
- Estimation des budgets et des ressources : Évaluez les coûts associés aux mises à niveau et planifiez les ressources nécessaires, y compris les budgets, les délais, et les compétences techniques requises.

Conclusion de l'audit

La conclusion de votre audit doit aboutir à un rapport détaillé synthétisant les découvertes, ainsi que les actions prioritaires à mener. Ce rapport servira de base pour élaborer votre stratégie de transformation numérique, en vous apportant une vue claire et concrète de votre état technologique actuel et des améliorations nécessaires.

Avec un audit complet des infrastructures et systèmes existants, votre PME sera mieux préparée pour aborder les étapes suivantes de la transformation numérique en toute confiance et en toute connaissance de cause.

CHAPITRE 3 :
ÉLABORER UNE
STRATÉGIE DE
TRANSFORMATION
NUMÉRIQUE

A vec une évaluation complète de votre état actuel en main, il est temps de définir une vision claire et des objectifs mesurables pour votre transformation numérique. Une stratégie bien pensée est essentielle pour guider votre entreprise à travers les nombreuses étapes de ce processus. Ce chapitre vous montrera comment définir une vision inspirante, fixer des objectifs SMART, impliquer les parties prenantes et former une équipe dédiée pour assurer le succès de votre transformation.

3.1 Définir une vision et
des objectifs clairs

La définition d'une vision claire et d'objectifs mesurables est une étape cruciale pour réussir la transformation numérique de votre PME. Une vision bien articulée inspire et guide l'ensemble de l'entreprise, tandis que des objectifs spécifiques permettent de mesurer les progrès et de maintenir le cap.

Importance de la vision

La vision pour la transformation numérique doit être une déclaration inspirante qui capture l'essence de ce que vous voulez accomplir. Elle doit refléter l'ambition à long terme de votre entreprise en matière de digitalisation. Une bonne vision doit :

- Être alignée avec la stratégie globale de l'entreprise : La vision numérique doit compléter la mission et les valeurs fondamentales de votre PME.
- Encourager l'engagement de l'ensemble de l'entreprise : Elle doit motiver et inspirer les employés, les clients et les partenaires.
- Servir de guide lors de la prise de décision : Une vision claire aide à orienter les choix stratégiques et opérationnels.

Exemple de vision : "Devenir un leader dans notre secteur en exploitant les technologies digitales pour offrir une expérience client exceptionnelle et optimiser nos processus internes."

Comment fixer des objectifs mesurables

Une fois la vision définie, il est crucial de fixer des objectifs spécifiques, mesurables, atteignables, réalistes et temporellement définis (SMART). Voici comment procéder :

- Spécifique : Les objectifs doivent être clairs et précis. Évitez les généralités. Par exemple, "Augmenter les ventes en ligne de 20% d'ici la fin de l'année" est plus spécifique que "Améliorer les ventes en ligne".

- Mesurable : Assurez-vous que chaque objectif peut être quantifié. Utilisez des indicateurs clés de performance (KPIs) pour suivre les progrès et mesurer le succès. Par exemple, "Réduire le temps de traitement des commandes à moins de 24 heures".

- Atteignable : Les objectifs doivent être réalisables avec les ressources disponibles. Prenez en compte les capacités de votre équipe et les contraintes budgétaires. Par exemple, "Former 100% du personnel aux nouvelles technologies d'ici six mois" est un objectif atteignable avec un plan de formation adéquat.

- Réaliste : Les objectifs doivent être pertinents par rapport à la situation actuelle de votre entreprise et à vos priorités stratégiques. Évitez de fixer des objectifs trop ambitieux ou irréalistes. Par exemple, "Lancer une nouvelle plateforme e-commerce en six mois" est réaliste si vous avez les ressources nécessaires.

- Temporellement défini : Fixez un délai pour chaque objectif. Cela crée un sentiment d'urgence et aide à maintenir la concentration. Par exemple, "Migrer toutes les données vers le cloud d'ici le 30 juin".

Processus de définition des objectifs

Pour définir des objectifs SMART, suivez ces étapes :

1. Analyse des besoins et des opportunités : Basé sur l'audit numérique et l'analyse SWOT, identifiez les domaines prioritaires pour votre transformation numérique.
2. Consultation des parties prenantes : Impliquez les principaux acteurs internes et externes pour obtenir des insights et des recommandations.
3. Élaboration d'un plan d'action : Décomposez chaque objectif en

tâches spécifiques avec des responsables attribués et des délais précis.

4. Mise en place de mécanismes de suivi : Utilisez des outils de gestion de projet et des tableaux de bord pour suivre l'avancement et ajuster les plans si nécessaire.

En définissant une vision inspirante et des objectifs clairs et mesurables, votre PME sera en mesure de naviguer avec confiance sur la voie de la transformation numérique. Cela crée une feuille de route convaincante qui mobilise les ressources et assure l'alignement stratégique à chaque étape du processus.

3.2 Impliquer les parties prenantes
et former une équipe dédiée

Pour garantir le succès de la transformation numérique de votre PME, il est essentiel d'impliquer les parties prenantes et de former une équipe dédiée. Cela permet de mobiliser les ressources nécessaires, de favoriser l'adhésion au projet et de s'assurer que toutes les compétences requises sont disponibles.

Identification et engagement des parties prenantes

Les parties prenantes sont toutes les personnes ou groupes qui peuvent influencer ou être influencés par la transformation numérique. Les identifier et les engager efficacement est crucial pour faciliter la mise en œuvre de votre stratégie.

- Qui sont les parties prenantes ?
  - Interne :Dirigeants, managers, employés, départements IT, opérations, finance, marketing, etc.
  - Externe :Fournisseurs, clients, partenaires technologiques, consultants, investisseurs.

- Comment engager les parties prenantes ?:
  - Communiquer la vision et les objectifs : Partagez clairement la vision stratégique et les objectifs de la transformation numérique avec toutes les parties prenantes.
  - Recueillir des feedbacks : Encouragez les parties prenantes à exprimer leurs préoccupations, leurs idées et leurs attentes. Organisez des réunions, des enquêtes et des ateliers pour favoriser un dialogue ouvert.
  - Attribuer des rôles et des responsabilités : Définissez clairement les rôles de chaque partie prenante dans le projet. Assignez des

responsabilités spécifiques pour garantir leur engagement et leur contribution.

Formation et rôle de l'équipe dédiée

La mise en place d'une équipe dédiée à la transformation numérique est une étape essentielle pour piloter et coordonner le projet de manière cohérente et efficace.

- Composition de l'équipe dédiée : L'équipe doit être multidisciplinaire, rassemblant des compétences variées nécessaires pour la réussite de la transformation numérique.
  - Chef de projet :*Responsable de la coordination générale, de la gestion des ressources et de la supervision des délais.
  - Experts IT : Chargés de la mise en œuvre technique, de l'intégration des systèmes et de la gestion des infrastructures technologiques.
  - Analystes de données : Spécialisés dans la collecte, l'analyse et l'interprétation des données pour éclairer les décisions stratégiques.
  - Responsables métier : Représentants des différents départements de l'entreprise pour aligner les initiatives numériques avec les besoins spécifiques des opérations.
  - Spécialistes de la communication : Veillent à une communication fluide et transparente autour du projet, tant en interne qu'en externe.

- Rôles et responsabilités de l'équipe dédiée :
  - Planification et coordination : Développer un calendrier de projet, assigner les tâches et s'assurer que les jalons sont respectés.
  - Surveillance et évaluation : Suivre les progrès, mesurer les performances par rapport aux KPIs

définis et ajuster les plans si nécessaire.

- ◦ Formation et soutien : Fournir des formations continues pour développer les compétences numériques des employés et offrir un support technique.
- ◦ Gestion du changement : Identifier les résistances au changement et mettre en place des stratégies pour les surmonter, comme les programmes de sensibilisation ou les incitations à l'adoption des nouvelles technologies.

Processus de formation de l'équipe

Pour former une équipe dédiée efficace, suivez ces étapes :

1. Recrutement interne et externe : Déterminez les compétences requises et recrutez en conséquence. Vous pouvez former des membres de votre personnel existant ou embaucher de nouveaux talents.

2. Élaboration de la structure de l'équipe : Définissez une structure claire avec des rôles précis et des chaînes de responsabilité bien établies.

3. Développement d'un plan de formation : Identifiez les besoins en formation et développez des programmes pour améliorer les compétences de l'équipe.

4. Mise en place de mécanismes de communication : Établissez des canaux de communication efficaces pour faciliter la coordination et la collaboration au sein de l'équipe et avec les parties prenantes externes.

En engageant méthodiquement les parties prenantes et en formant une équipe dédiée à fort potentiel, votre PME maximisera ses chances de réussir la transformation numérique. Cela permettra une gestion fluide, une meilleure synergie entre les différents acteurs, et garantira que tous les aspects de la transformation sont dûment pris en compte et gérés.

3.3 Élaborer une feuille de route détaillée

Pour naviguer efficacement dans la transformation numérique, une feuille de route détaillée est fondamentale. Elle permet de structurer les initiatives, de définir les priorités et de suivre les progrès tout au long du processus. Une feuille de route bien conçue assure que chaque étape de la transformation est planifiée de manière cohérente et réaliste.

Création d'un plan d'action

La première étape pour élaborer une feuille de route est de créer un plan d'action détaillé. Ce plan doit inclure toutes les initiatives, les projets et les activités nécessaires pour atteindre vos objectifs numériques.

- Découpage du projet en phases : Divisez la transformation numérique en phases distinctes, chacune avec ses objectifs spécifiques. Par exemple : évaluation initiale, préparation, mise en œuvre, et optimisation.
- Détail des tâches : Listez toutes les tâches nécessaires pour chaque phase, des plus petites aux plus complexes. Assurez-vous que chaque tâche est bien définie et compréhensible.
- Ressources nécessaires : Identifiez les ressources humaines, technologiques et financières requises pour chaque tâche. Prévoyez des allocations budgétaires pour les logiciels, le matériel, les formations, etc.
- Dépendances et séquences : Mentionnez les dépendances entre les tâches et organisez-les dans un ordre séquentiel logique pour éviter les blocages et les goulets d'étranglement.

Établir un calendrier réaliste

Un calendrier réaliste est essentiel pour la mise en œuvre effective de votre feuille de route. Il aide à maintenir le projet sur les rails et à éviter les délais indus.

- Définition des délais : Fixez des délais précis pour chaque tâche et phase du projet. Soyez réaliste quant aux temps nécessaires pour chaque activité, en tenant compte des contingences possibles.
- Fixation de jalons : Identifiez des jalons clés tout au long du projet. Ces jalons sont des points de contrôle importants pour évaluer les progressions et ajuster les plans si nécessaire.
- Répartir la charge de travail : Assurez-vous que la charge de travail est bien répartie entre les membres de l'équipe. Évitez de surcharger certains individus et veillez à utiliser efficacement toutes les compétences disponibles.
- Gestion des imprévus : Intégrez des marges de sécurité dans le calendrier pour gérer les imprévus ou les retards potentiels. Préparez des plans de contingence pour les risques identifiés.

Suivi et ajustement du plan

Pour garantir que votre feuille de route reste pertinente et efficace tout au long du projet, il est crucial de mettre en place des mécanismes de suivi et d'ajustement continu.

- Outils de suivi : Utilisez des outils de gestion de projet pour suivre l'avancement des tâches et des phases. Les logiciels comme Trello, Asana, ou Microsoft Project peuvent être utiles pour maintenir l'organisation.
- Mesure des performances : Évaluez régulièrement les progrès à l'aide de KPIs définis. Par exemple, surveillez les taux d'achèvement des tâches, les coûts par rapport au budget, et les délais par rapport au calendrier.
- Revues périodiques : Organisez des réunions régulières

pour évaluer l'état d'avancement du projet. Ces réunions permettent de partager les progrès, de résoudre les problèmes et de prendre des décisions rapides pour ajuster le plan si nécessaire.

- Feedback continu : Encouragez un retour d'information continu de la part des parties prenantes et des membres de l'équipe. Utilisez ces insights pour améliorer et adapter la feuille de route en cours de route.

Conclusion de la feuille de route

En finalisant la feuille de route, assurez-vous qu'elle est bien documentée et partagée avec toutes les parties prenantes concernées. Cela inclut la communication des délais, des jalons, des responsabilités et des attentes. Une bonne visibilité et une transparence autour de la feuille de route facilitent l'adhésion et l'engagement de l'ensemble de l'équipe.

En élaborant une feuille de route détaillée et réaliste, votre PME disposera d'un plan stratégique clair pour gérer efficacement la transformation numérique. Cela permettra de coordonner les efforts, de maximiser l'utilisation des ressources et de suivre les progrès vers l'atteinte des objectifs fixés.

CHAPITRE 4 :
CHANGER LA CULTURE
D'ENTREPRISE

L a stratégie seule ne suffit pas pour réussir une transformation numérique ; la culture d'entreprise joue un rôle tout aussi crucial. La transition vers une organisation numérique nécessite une adaptation des mentalités et des comportements à tous les niveaux de l'entreprise. Dans ce chapitre, nous aborderons les moyens de sensibiliser et de former les employés, d'encourager l'innovation et l'agilité, et de gérer le changement tout en surmontant les résistances.

4.1 Sensibiliser et former les employés

La réussite de la transformation numérique d'une PME repose en grande partie sur l'adhésion et la compétence de ses employés. Les former et les sensibiliser aux nouvelles technologies et aux changements organisationnels est essentiel pour garantir une transition fluide et efficace.

Importance de la formation continue

Investir dans la formation continue des employés permet de maintenir les compétences à jour et d'assurer une adaptation rapide aux nouvelles technologies et processus. Voici pourquoi c'est crucial :

- Adaptabilité aux nouvelles technologies : Les technologies évoluent constamment. Une formation continue permet aux employés de rester compétents et productifs face à ces changements.
- Réduction des résistances : Les employés formés et sensibilisés sont généralement moins réticents au changement, car ils comprennent les avantages et se sentent plus en confiance dans leurs capacités.
- Amélioration de la performance : La maîtrise des outils numériques améliore l'efficacité et la qualité du travail, ce qui peut conduire à une meilleure performance globale de l'entreprise.

Programmes de sensibilisation

La sensibilisation est la première étape pour préparer les employés à la transformation numérique. Elle doit être bien planifiée et exécutée pour maximiser l'impact.

- Campagnes d'information : Utilisez des plateformes internes, des newsletters, des affichages et des réunions pour informer les employés sur la transformation numérique et ses bénéfices pour l'entreprise et eux-mêmes.

- Ateliers de sensibilisation : Organisez des ateliers interactifs où les employés peuvent poser des questions et obtenir des réponses directes. Ces séances permettent également de dissiper les craintes et de clarifier les malentendus.

- Témoignages et exemples concrets : Faites intervenir des experts ou des représentants d'autres entreprises ayant réussi leur transformation numérique. Leurs témoignages peuvent inspirer et convaincre vos employés de l'importance du projet.

Développement des compétences numériques

La formation des employés doit être structurée et adaptée aux besoins spécifiques de l'entreprise et de ses employés.

- Évaluation des compétences actuelles : Commencez par une évaluation des compétences numériques actuelles de vos employés. Cela permet d'identifier les lacunes et de concevoir des formations ciblées.
- Plan de formation personnalisé : Développez des plans de formation adaptés aux différents niveaux de compétence et aux rôles des employés. Les formations peuvent couvrir des sujets tels que l'utilisation de logiciels spécifiques, la gestion des données, la cybersécurité, et les pratiques de travail en ligne.
- Formations pratiques : Privilégiez les formations pratiques et interactives qui permettent aux employés de mettre immédiatement en œuvre ce qu'ils ont appris. Utilisez des simulations, des démonstrations en direct, et des exercices pratiques.
- Utilisation de plateformes e-learning : Les plateformes d'e-learning offrent la flexibilité nécessaire pour que les employés puissent se former à leur rythme. Ces plateformes proposent souvent des modules interactifs, des quiz, et des certifications.

Encourager l'autonomie et l'auto-formation

En plus des formations formelles, encouragez vos employés à se prendre en charge et à continuer à se former de manière autonome.

- Accès à des ressources en ligne : Mettez à disposition des ressources en ligne telles que des tutoriels vidéo, des articles, des webinaires, et des forums de discussion.
- Création de communautés de pratique : Encouragez les employés à partager leurs connaissances et leurs expériences à travers des groupes de discussion, des clubs de lecture technologique, ou des réunions régulières. Ces communautés peuvent être un excellent moyen de diffuser les meilleures pratiques et d'encourager l'apprentissage collectif.
- Reconnaissance et incitations : Reconnaissez et récompensez les employés qui montrent des progrès significatifs dans leurs compétences numériques ou qui encouragent activement leurs collègues à se former. Les incitations peuvent inclure des certifications, des primes, ou des opportunités de développement professionnel.

En sensibilisant et en formant vos employés, vous les préparez non seulement à s'adapter aux changements induits par la transformation numérique, mais vous les impliquez également activement dans ce processus. Cela renforce leur engagement et leur motivation, favorisant ainsi une transition réussie et durable pour votre PME.

4.2 Encourager l'innovation et l'agilité

Pour une transformation numérique réussie, il est crucial de créer un environnement qui favorise l'innovation et l'agilité au sein de votre PME. Encourager les employés à innover et adopter des méthodologies agiles permet d'accélérer les processus de transformation, de s'adapter plus rapidement aux changements et de répondre efficacement aux besoins du marché.

Création d'un environnement propice à l'innovation

Un environnement propice à l'innovation stimule la créativité et l'expérimentation, permettant aux employés de proposer des idées nouvelles et de les tester.

- Culture de l'expérimentation : Encouragez une culture qui valorise l'expérimentation et n'a pas peur de l'échec. Laissez les employés essayer de nouvelles idées sans crainte de répercussions négatives en cas d'échec. Apprenez de chaque expérience pour améliorer les processus.
- Encouragement des idées : Mettez en place des programmes tels que des boîtes à idées, des hackathons ou des concours d'innovation où les employés peuvent soumettre et présenter leurs propositions. Récompensez les idées les plus innovantes et mettez-les en œuvre.
- Formation à la créativité et à l'innovation : Proposez des ateliers et des formations sur les techniques créatives, la pensée design et les méthodes de résolution de problèmes. Ces compétences peuvent aider les employés à formuler et développer des idées innovantes.

Adoption de méthodologies agiles

Les méthodologies agiles permettent à votre entreprise de s'adapter rapidement aux changements, d'améliorer la collaboration et d'optimiser l'exécution des projets numériques.

- Principes agiles : Adoptez les principes agiles tels que l'itération rapide, la collaboration étroite entre les équipes, la flexibilité et l'orientation client. Ces principes favorisent une réactivité accrue et une meilleure adaptation aux besoins du marché.
- Scrum et Kanban : Utilisez des frameworks agiles comme Scrum et Kanban pour structurer vos projets. Scrum se concentre sur des sprints, ou cycles de travail courts, avec des revues régulières pour ajuster les priorités. Kanban, quant à lui, visualise le flux de travail et permet de gérer la charge de travail en temps réel.
- Equipes cross-fonctionnelles : Constituez des équipes cross-fonctionnelles autonomes capables de travailler sur des projets de manière indépendante. Ces équipes doivent inclure des compétences variées telles que le développement, la conception UX, le marketing, et la gestion de projets.

Encouragement de l'innovation collaborative

L'innovation ne doit pas être confinée à une seule équipe ou à un seul département. Encourager la collaboration inter-départementale et impliquer les parties prenantes externes peut enrichir le processus d'innovation.

- Sessions de brainstorming collaboratif : Organisez des sessions régulières de brainstorming inter-départementales pour générer des idées et résoudre des problèmes. Utilisez des techniques comme le mind mapping ou le Lean Startup pour structurer ces sessions.
- Partenariats externes : Collaborez avec des startups, des universités, des incubateurs et d'autres acteurs externes pour bénéficier de perspectives nouvelles et de compétences complémentaires. Ces partenariats peuvent accélérer l'innovation en introduisant des idées et des technologies nouvelles.
- Plateformes de collaboration en ligne : Utilisez des

plateformes de collaboration en ligne pour faciliter l'échange d'idées et la coopération entre les employés, même à distance. Des outils comme Slack, Trello ou Microsoft Teams peuvent améliorer la communication et la gestion de projets collaboratifs.

Suivi et évaluation de l'innovation

Pour que l'innovation devienne une partie intégrante de votre entreprise, il est essentiel de suivre et d'évaluer les initiatives innovantes de manière continue.

- KPIs de l'innovation : Mettez en place des indicateurs clés de performance (KPIs) pour suivre l'innovation, tels que le nombre d'idées générées, le taux de mise en œuvre des nouvelles idées, ou le retour sur investissement des projets innovants.
- Feedback et amélioration continue : Instaurez des mécanismes de feedback réguliers pour évaluer les initiatives innovantes et apporter des améliorations continues. Utilisez les leçons apprises pour affiner vos processus et encourager une innovation encore plus efficace.
- Célébration des succès : Reconnaissez et célébrez les succès innovants. Que ce soit à travers des récompenses, des reconnaissances publiques ou des promotions, valoriser les réussites renforce l'engagement des employés et stimule davantage l'innovation.

En encourageant l'innovation et l'agilité, vous créez une culture d'entreprise dynamique et résiliente, prête à relever les défis de la transformation numérique. Cela permet à votre PME de rester compétitive, d'anticiper les évolutions du marché et de générer une croissance durable et continue.

4.3 Gérer le changement et surmonter les résistances

La gestion du changement est l'une des composantes les plus délicates de la transformation numérique. Les résistances au changement sont courantes, mais elles peuvent être surmontées avec une approche stratégique et empathique. Ce sous-chapitre explore les techniques pour gérer efficacement le changement et minimiser les résistances.

Stratégies de gestion du changement

Pour faciliter le processus de transformation numérique, il est essentiel de mettre en place des stratégies de gestion du changement bien définies.

- Communication transparente : Informez régulièrement les employés sur les raisons, les avantages et les étapes du changement. Une communication ouverte réduit les incertitudes et instaure la confiance. Utilisez divers canaux comme les réunions, les emails, les tableaux de bord internes et les forums de discussion pour diffuser les informations.
- Leadership engagé :Le soutien des dirigeants est crucial pour légitimer le changement. Les leaders doivent incarner le changement, montrer l'exemple et être accessibles pour répondre aux questions et préoccupations des employés. Un leadership visible et actif renforce la crédibilité du projet.
- Planification participative : Incluez les employés dans la planification du changement. Sollicitez leurs idées et commentaires à travers des ateliers, des sondages et des groupes de travail. Cette approche participative augmente l'adhésion et fournit des insights précieux pour affiner les stratégies.

Techniques pour surmonter les résistances

Les résistances au changement peuvent prendre diverses formes, allant des préoccupations légitimes aux comportements réfractaires. Utilisez ces techniques pour les surmonter :

- Identification précoce des résistances : Soyez proactif dans la détection des signes de résistance. Observez les comportements, écoutez les retours et anticipez les défis potentiels en menant des enquêtes anonymes ou en tenant des réunions ouvertes.
- Formation et soutien psychologique : Offrez des sessions de formation pour développer les compétences nécessaires et atténuer les craintes liées à l'inconnu. Parallèlement, proposez un soutien psychologique pour aider les employés à gérer le stress et l'anxiété associés au changement.
- Champions du changement : Désignez des "champions du changement" parmi les employés influents qui adhèrent pleinement à la transformation numérique. Ces champions peuvent motiver leurs collègues, partager des expériences positives et agir comme intermédiaires entre la direction et le reste de l'équipe.
- Adaptation des processus : Soyez flexible et prêt à ajuster les processus en fonction des retours des employés. Par exemple, si une nouvelle technologie ou un nouveau processus rencontre une résistance importante, réévaluez son implantation et explorez des alternatives moins perturbatrices.

Mesures incitatives et reconnaissance

Les incitations et la reconnaissance jouent un rôle clé pour encourager l'adoption du changement et maintenir la motivation des employés.

- Incitations matérielles et immatérielles : Offrez

des incitations matérielles (bonus, promotions) et immatérielles (reconnaissance publique, opportunités de développement) pour récompenser les efforts et l'engagement des employés dans la transformation numérique.

- Célébration des succès : Organisez des événements pour célébrer les réussites, qu'il s'agisse de l'achèvement d'une phase du projet, de l'adoption d'un nouvel outil ou de l'atteinte des objectifs fixés. Cette reconnaissance renforce la motivation et l'esprit d'équipe.
- Feedback constructif : Fournissez des retours constructifs et réguliers. Reconnaissez les efforts individuels et collectifs, et proposez des pistes d'amélioration pour maintenir la dynamique de changement.

Evaluation et ajustement continus

La gestion du changement est un processus dynamique nécessitant une évaluation et un ajustement continus.

- Suivi des progrès : Utilisez des indicateurs de performance pour suivre l'avancement des initiatives de transformation numérique et mesurer l'impact du changement sur l'organisation. Les enquêtes de satisfaction, les évaluations de formation et les rapports d'activités sont des outils utiles à cet égard.
- Ajustement des stratégies : En fonction des résultats obtenus et des retours des employés, ajustez les stratégies de gestion du changement. Soyez prêt à recalibrer les plans, à réallouer les ressources et à modifier les méthodologies pour mieux répondre aux besoins de l'entreprise et de ses employés.
- Apprentissage organisationnel : Favorisez un environnement d'apprentissage continu où les leçons apprises sont partagées et intégrées dans les pratiques futures. Cela renforce la résilience organisationnelle et

prépare l'entreprise à mieux gérer les changements ultérieurs.

En mettant en œuvre des stratégies de gestion du changement bien planifiées et en abordant les résistances avec empathie et pragmatisme, votre PME sera mieux équipée pour réussir sa transformation numérique. Cela conduira à une organisation plus agile, innovante et prête à relever les défis de l'avenir numérique.

CHAPITRE 5 :
METTRE EN PLACE
DES TECHNOLOGIES
NUMÉRIQUES

U ne fois la culture d'entreprise alignée avec votre vision numérique, il est temps de se concentrer sur la mise en œuvre des technologies adaptées. Le choix des outils et des solutions technologiques est crucial pour moderniser vos processus et améliorer votre efficacité opérationnelle. Ce chapitre explore les différentes options technologiques, de la gestion de la relation client (CRM) à la migration vers le cloud, en passant par la sécurité informatique et la protection des données.

5.1 Choix des solutions technologiques adaptées (CRM, ERP, outils collaboratifs, etc.)

Le choix des solutions technologiques adaptées à votre PME est une étape cruciale dans le processus de transformation numérique. Les outils doivent non seulement répondre aux besoins actuels de l'entreprise, mais aussi être suffisamment flexibles pour s'adapter aux évolutions futures. Ce sous-chapitre explore comment sélectionner et implémenter les principales solutions technologiques comme le CRM, l'ERP et les outils collaboratifs.

Critères de sélection des outils

Pour choisir les solutions technologiques adaptées, il est important de prendre en compte plusieurs critères :

- Besoins spécifiques de l'entreprise : Commencez par analyser vos besoins spécifiques. Quels processus souhaitez-vous améliorer ou automatiser ? Quelles sont les lacunes de vos systèmes actuels ?
- Scalabilité : Les solutions doivent être capables de croître avec votre entreprise. Assurez-vous que le logiciel peut gérer une augmentation du volume de données, des utilisateurs, et des transactions.
- Intégration : Les technologies doivent pouvoir s'intégrer facilement avec vos systèmes existants. Une bonne intégration minimise les interruptions et simplifie les flux de travail.
- Facilité d'utilisation : Les outils doivent être intuitifs et faciles à utiliser par l'ensemble du personnel. Une interface conviviale accélère l'adoption et réduit les besoins en formation.
- Coût total de possession : Évaluez non seulement le coût initial d'achat et de mise en œuvre, mais aussi les coûts

récurrents comme les abonnements, la maintenance, et les mises à jour.

- Sécurité et conformité : Assurez-vous que les solutions respectent les normes de sécurité et de conformité pertinentes pour votre secteur. La protection des données et des informations sensibles est primordiale.

Présentation des principales solutions disponibles

CRM (Customer Relationship Management)

Le CRM est essentiel pour gérer les relations avec les clients, optimiser les ventes et améliorer la satisfaction client.

- Principales fonctionnalités : Gestion des contacts, suivi des interactions clients, gestion des opportunités, automatisation des ventes, analyses et rapports.
- Exemples de solutions :*Salesforce, HubSpot CRM, Zoho CRM, Microsoft Dynamics 365.
- Avantages pour les PME : Une meilleure connaissance des clients, un suivi efficace des ventes, une personnalisation des interactions et une amélioration de la fidélisation client.

ERP (Enterprise Resource Planning)

L'ERP permet de centraliser les différentes fonctions de l'entreprise, comme la comptabilité, les ressources humaines, la production et l'approvisionnement, dans un système intégré.

- Principales fonctionnalités : Gestion des finances, gestion de la chaîne d'approvisionnement, gestion des ressources humaines, gestion de la production, rapports et analyses.
- Exemples de solutions : SAP Business One, Oracle NetSuite, Odoo, Microsoft Dynamics 365 Finance and Operations.
- Avantages pour les PME : Centralisation des données, réduction des silos d'information, amélioration de

l'efficacité opérationnelle et meilleure prise de décision grâce à des données consolidées.

Outils collaboratifs

Les outils collaboratifs facilitent la communication et la coopération entre les équipes, notamment dans des environnements de travail à distance ou dispersés géographiquement.

- Principales fonctionnalités :Messagerie instantanée, gestion de projet, partage de documents, visioconférence, tableaux de bord partagés.
- Exemples de solutions : Microsoft Teams, Slack, Trello, Asana, Google Workspace.
- Avantages pour les PME : Amélioration de la communication interne, augmentation de la productivité, coordination facilitée des projets et collaboration en temps réel.

Processus d'implémentation

Une fois les solutions sélectionnées, leur mise en œuvre doit être planifiée et exécutée de manière structurée.

- Évaluation des processus actuels : Analysez les processus actuels pour identifier les points de friction et les domaines d'amélioration. Utilisez ces informations pour configurer correctement les nouvelles solutions.
- Planification de la mise en œuvre : Développez un plan détaillé incluant les étapes de l'implémentation, les responsabilités de l'équipe, le calendrier, et les ressources nécessaires.
- Formation des utilisateurs : Organisez des sessions de formation pour familiariser les employés avec les nouvelles technologies. Assurez-vous que la formation couvre les fonctionnalités clés et les meilleures pratiques.

- Tests et ajustements : Avant le déploiement complet, effectuez des tests pour vérifier que les systèmes fonctionnent comme prévu. Recueillez les retours des utilisateurs et apportez les ajustements nécessaires.
- Déploiement et support : Lancez la solution à l'échelle de l'entreprise et assurez un support technique continu pour résoudre les problèmes éventuels et aider les utilisateurs à s'adapter.

En choisissant et en mettant en œuvre les solutions technologiques adaptées, votre PME pourra optimiser ses processus, améliorer la satisfaction de ses clients et rester compétitive dans un environnement numérique en constante évolution.

5.2 Migration vers le cloud et gestion des données

La migration vers le cloud constitue une étape clé dans la transformation numérique des PME. Cette transition offre une flexibilité accrue, une meilleure gestion des données et des économies substantielles. Ce point aborde les avantages du cloud computing, les étapes pour une migration réussie et les meilleures pratiques pour la gestion des données dans le cloud.

Avantages du cloud computing

Le cloud computing présente plusieurs bénéfices majeurs pour les PME :

- Flexibilité et scalabilité : Le cloud permet d'ajuster aisément les ressources en fonction des besoins de l'entreprise, que ce soit pour augmenter ou réduire les capacités de stockage et de traitement.
- Réduction des coûts : En éliminant les investissements initiaux significatifs dans le matériel et en transférant les coûts de maintenance à des prestataires de services cloud, les PME peuvent réaliser des économies importantes.
- Accessibilité : Les données et applications hébergées dans le cloud sont accessibles à tout moment et de n'importe où, facilitant ainsi le travail à distance et la collaboration.
- Sécurité et conformité : Les fournisseurs de services cloud investissent dans des solutions de sécurité avancées et respectent souvent les normes de conformité, garantissant la protection des données sensibles.
- Mises à jour automatiques : Les services cloud sont régulièrement mis à jour avec les dernières fonctionnalités et correctifs, évitant les interruptions et

les coûts associés à des mises à jour manuelles.

Étapes pour une migration réussie

Une migration vers le cloud nécessite une planification minutieuse et une exécution rigoureuse. Voici les étapes essentielles pour réussir cette transition :

1. Évaluation initiale :
   - Analyse des besoins : Identifiez les applications et les données à migrer, en déterminant leur criticité et les exigences spécifiques.
   - **Choix du modèle de cloud :** Décidez du type de déploiement approprié pour votre PME (public, privé, hybride) en fonction des besoins de sécurité, de performance et de coût.

2. Planification de la migration :
   - Feuille de route : Élaborez une feuille de route détaillée comprenant les phases de migration, les responsabilités de l'équipe et le calendrier.
   - Allocation des ressources : Assignez les ressources humaines et techniques nécessaires pour exécuter le plan, en incluant potentiellement des partenaires externes ou des consultants.

3. Préparation des données :
   - Nettoyage des données : Éliminez les données redondantes et obsolètes pour réduire le volume à migrer et améliorer la qualité des données.
   - Sécurisation des données : Chiffrez les données sensibles avant la migration pour garantir leur sécurité pendant le transfert.

4. Exécution de la migration :
   - Tests de migration : Effectuez des migrations tests sur des environnements de développement pour identifier et résoudre les éventuels problèmes avant de migrer les données en production.
   - Migration progressive : Migrez les applications et les données par étapes, en commençant par les composants les moins critiques pour minimiser les risques.

5. Validation et optimisation :

- Tests de validation : Vérifiez l'intégrité et la performance des données et des applications migrées pour s'assurer qu'elles fonctionnent comme prévu.

- Optimisation des configurations : Ajustez les configurations cloud en fonction des performances et des besoins de l'entreprise, en optimisant les coûts et les performances.

Gestion des données dans le cloud

Une fois les données migrées vers le cloud, leur gestion efficace est cruciale pour garantir la sécurité, la conformité et la disponibilité.

- Politiques de gouvernance des données : Établissez des politiques claires pour la gestion des données, incluant la responsabilité de la sécurité, les accès et la conformité réglementaire.
- Sauvegardes et restauration : Implémentez des solutions de sauvegarde robustes et des processus de récupération en cas de sinistre pour protéger les données contre les pertes et les interruptions.
- Surveillance et gestion des performances : Utilisez des outils de surveillance pour suivre les performances des applications et des données dans le cloud. Identifiez les goulots d'étranglement et apportez les ajustements nécessaires.
- Contrôle des coûts : Surveillez la consommation de ressources cloud et optimisez les configurations pour éviter les dépenses inutiles. Profitez des options de tarification flexibles comme les instances réservées ou les instances spot pour réduire les coûts.
- Formation continue : Assurez-vous que les employés sont formés aux meilleures pratiques de gestion des données dans le cloud et qu'ils comprennent les procédures de sécurité et de conformité.

En migrant vers le cloud et en optimisant la gestion des données, votre PME bénéficiera d'une infrastructure flexible et sécurisée, capable de répondre aux besoins évolutifs de l'entreprise et de favoriser une croissance durable.

5.3 Sécurité informatique et protection des données

La sécurité informatique et la protection des données sont des éléments critiques de la transformation numérique pour toute PME. Il est impératif de mettre en place des mesures robustes pour protéger les données sensibles contre les cybermenaces et garantir la conformité aux réglementations en vigueur. Ce sous-chapitre explore les principales menaces de sécurité, les meilleures pratiques pour sécuriser les systèmes et les données, ainsi que les solutions pour assurer la protection continue des informations.

Principales menaces et vulnérabilités

Les PME sont particulièrement vulnérables aux cyberattaques en raison de ressources souvent limitées pour se défendre. Voici quelques-unes des principales menaces :

- Logiciels malveillants (Malware) :** Les virus, les vers, les chevaux de Troie et les ransomwares peuvent infecter les systèmes, voler des données ou rendre les fichiers inaccessibles.
- Phishing et ingénierie sociale :** Les attaques de phishing exploitent la confiance des employés pour obtenir des informations sensibles ou introduire des logiciels malveillants.
- Attaques par déni de service (DDoS) :** Ces attaques visent à rendre indisponibles les services en ligne en saturant les serveurs de requêtes.
- Failles de sécurité internes :** Les erreurs humaines, les permissions inappropriées et les configurations incorrectes peuvent créer des vulnérabilités exploitées par les cybercriminels.
- Insuffisance des mises à jour :** Les logiciels non mis à jour peuvent comporter des failles de sécurité connues utilisées par les attaquants pour accéder aux systèmes.

Meilleures pratiques pour sécuriser les données

Pour protéger efficacement vos systèmes et données, mettez en œuvre les meilleures pratiques de sécurité suivantes :

- Sécurité des réseaux : Utilisez des pare-feux, des systèmes de détection et de prévention des intrusions (IDS/IPS), et des VPN pour sécuriser les communications réseau et protéger les périmètres de l'entreprise.
- Gestion des accès : Implémentez des contrôles d'accès basés sur les rôles (RBAC) et le principe du moindre privilège, où les utilisateurs n'ont accès qu'aux données et systèmes nécessaires à leur travail.
- Chiffrement des données : Chiffrez les données en transit et au repos pour empêcher l'accès non autorisé. Utilisez des protocoles sécurisés comme HTTPS pour les communications en ligne.
- Authentification multifactorielle (MFA) : Renforcez la sécurité des comptes utilisateur avec l'authentification multifactorielle, combinant quelque chose que l'utilisateur connaît (mot de passe) et quelque chose qu'il possède (token, smartphone).
- Mises à jour et correctifs : Maintenez à jour tous les logiciels, systèmes d'exploitation et applications avec les derniers correctifs de sécurité pour combler les vulnérabilités connues.

Solutions pour la protection continue des données

Outre la mise en œuvre des meilleures pratiques, il est crucial d'adopter des solutions avancées pour une protection continue des données et des systèmes :

- Antivirus et antimalware : Utilisez des logiciels antivirus et antimalware pour détecter, bloquer et supprimer les logiciels malveillants. Assurez-vous que ces outils sont à jour et effectuent des analyses régulières.

- Surveillance et analyse des menaces : Déployez des systèmes de surveillance continue pour détecter les comportements anormaux et les signes d'intrusion. Les outils de gestion des informations et des événements de sécurité (SIEM) peuvent aider à centraliser et analyser les journaux d'activités.
- Sauvegardes régulières : Effectuez des sauvegardes régulières et automatisées de toutes les données critiques. Conservez les copies de sauvegarde dans des emplacements sécurisés et testez régulièrement les procédures de restauration pour vous assurer qu'elles fonctionnent correctement.
- Plans de réponse aux incidents : Élaborez et documentez des plans de réponse aux incidents pour réagir rapidement en cas de cyberattaque. Assurez-vous que le personnel connaît les procédures à suivre et qu'il existe des mécanismes de communication clairs.
- Formation en sécurité : Organisez des formations régulières en cybersécurité pour sensibiliser les employés aux menaces courantes et aux bonnes pratiques. Encouragez une culture de vigilance et de conformité au sein de l'entreprise.

Conformité aux réglementations

La protection des données ne concerne pas seulement la sécurité technique ; elle inclut également le respect des réglementations en vigueur qui régissent la gestion des données :

- RGPD (Règlement général sur la protection des données) : Si votre PME collecte ou traite des données personnelles d'individus résidant dans l'UE, assurez-vous de respecter les exigences du RGPD, y compris les droits des personnes, les obligations de sécurité, et les normes de transparence.
  - HIPAA (Health Insurance Portability and Accountability Act) : Pour les entreprises opérant dans le secteur de la santé, la conformité aux normes

HIPAA est essentielle pour protéger les informations de santé des patients.

- PCI DSS (Payment Card Industry Data Security Standard) : Si vous gérez des transactions par carte de crédit, vous devez respecter les normes PCI DSS pour garantir la sécurité des informations de paiement.

En mettant en œuvre des mesures robustes de sécurité informatique et de protection des données, votre PME peut se prémunir contre les cybermenaces, protéger les informations sensibles et garantir la continuité des opérations. De plus, la conformité aux réglementations de protection des données renforce la confiance des clients et les relations d'affaires, assurant ainsi la pérennité et le succès de votre entreprise dans l'ère numérique.

CHAPITRE 6 :
DIGITALISATION DES
PROCESSUS MÉTIERS

Avec les bonnes technologies en place, la prochaine étape consiste à digitaliser vos processus métiers pour maximiser l'efficacité et réduire les coûts. L'automatisation des tâches répétitives et l'optimisation des processus peuvent transformer la manière dont votre entreprise fonctionne au quotidien. Dans ce chapitre, nous examinerons comment utiliser l'IA pour améliorer la productivité et présenterons des exemples concrets de digitalisation réussie dans les domaines de la finance, du marketing et des ressources humaines.

6.1 Automatisation des tâches répétitives et optimisation des processus

L'automatisation des tâches répétitives et l'optimisation des processus sont des éléments clés pour améliorer l'efficacité opérationnelle et réduire les coûts dans une PME. En tirant parti de l'automatisation, les entreprises peuvent libérer du temps et des ressources pour se concentrer sur des activités à plus forte valeur ajoutée.

Identification des tâches à automatiser

Pour maximiser les bénéfices de l'automatisation, il est essentiel d'identifier les processus et tâches les plus adaptés à l'automatisation.

- Tâches répétitives et à faible valeur ajoutée : Les activités qui se répètent fréquemment et qui n'exigent pas une intervention humaine complexe sont idéales pour l'automatisation. Cela inclut la saisie de données, le traitement des commandes, et les mises à jour des bases de données.
- Processus basés sur des règles : Les processus qui suivent des règles ou des procédures spécifiques peuvent être automatisés avec des systèmes capables d'exécuter ces règles systématiquement.
- Tâches nécessitant une grande précision : Les tâches où les erreurs humaines peuvent avoir des conséquences significatives, comme la comptabilité et la gestion des stocks, gagnent à être automatisées pour améliorer la précision.

Outils et technologies d'automatisation

Divers outils et technologies permettent d'automatiser les tâches répétitives et d'optimiser les processus dans une PME.

- Robotisation des Processus (RPA) :** Les logiciels de RPA utilisent des robots logiciels pour automatiser les tâches répétitives et routinières. Ils peuvent imiter les actions humaines sur des interfaces utilisateurs comme les clics, la saisie de données et la navigation dans les systèmes.
Exemples : UiPath, Blue Prism, Automation Anywhere.

- Scripts et Macros : Les scripts et macros sont des programmes simples conçus pour automatiser des tâches spécifiques dans des applications courantes comme Excel ou des systèmes de gestion de bases de données.
Exemples : VBA pour Excel, scripts SQL pour automatiser des requêtes.

- Automatisation des Workflow : Les outils d'automatisation des workflow aident à orchestrer et automatiser des processus métiers complexes en reliant plusieurs systèmes et applications.
Exemples : Make, Zapier, Microsoft Power Automate, Nintex.

- Chatbots et Assistants Virtuels : Ces outils automatisent les interactions avec les clients et les employés, surtout pour les questions courantes ou le support technique.
Exemples : Chatfuel, Tars, IBM Watson Assistant.

- Systèmes de Gestion des Contenus (CMS) Automatisés : Les CMS automatisés gèrent et publient du contenu digitalisé sans intervention humaine constante.
Exemples : WordPress avec des plugins d'automatisation, Contentful.

Étapes pour mettre en œuvre l'automatisation

La mise en œuvre de l'automatisation doit être planifiée soigneusement pour assurer le succès du projet et maximiser les bénéfices.

1. Analyse des processus existants :
- Effectuez une cartographie des processus actuels pour identifier les points de friction, les inefficacités et les opportunités d'automatisation.
- Priorisez les processus en fonction de leur fréquence, de leur complexité et de leur impact potentiel sur l'entreprise.

2. Sélection des outils d'automatisation :
- Choisissez les technologies et outils appropriés en fonction des besoins spécifiques de votre PME et des processus identifiés pour l'automatisation.
- Prenez en compte des critères tels que la facilité d'intégration, la convivialité, et le coût.

3. Développement et tests :
- Développez des workflows automatisés et tests les dans des environnements contrôlés pour valider leur efficacité.
- Impliquez des utilisateurs clés dans les tests pour recueillir des feedbacks et affiner les solutions.

4. Déploiement progressif :
- Déployez l'automatisation par phases, en commençant par les processus les moins critiques pour minimiser les risques.
- Surveillez les performances et ajustez les paramètres au besoin pour optimiser les résultats.

5. Formation et changement organisationnel :
- Formez les employés à l'utilisation des nouveaux outils et au suivi des processus automatisés.
- Adoptez une stratégie de gestion du changement pour faciliter l'acceptation et l'intégration de l'automatisation dans la culture d'entreprise.

6. Évaluation et amélioration continue :
- Suivez les indicateurs clés de performance (KPIs) pour évaluer l'impact de l'automatisation sur l'efficacité, la qualité et les coûts opérationnels.

- Continuez à explorer de nouvelles opportunités d'automatisation et ajustez les processus existants pour maximiser les bénéfices à long terme.

En mettant en œuvre l'automatisation des tâches répétitives et en optimisant les processus, votre PME peut gagner en efficacité, réduire les coûts, et améliorer la précision et la qualité des opérations. Cela permet également de libérer du temps et des ressources pour se concentrer sur des initiatives stratégiques et à forte valeur ajoutée.

6.2 Utilisation de l'IA pour améliorer la productivité

L'intelligence artificielle (IA) offre des capacités révolutionnaires pour améliorer la productivité des PME. En automatisant des tâches complexes, en fournissant des analyses approfondies et en offrant des solutions intelligentes, l'IA peut transformer la manière dont les entreprises fonctionnent. Ce sous-chapitre explore les applications pratiques de l'IA pour améliorer la productivité et présente des exemples concrets de mise en œuvre.

Applications pratiques de l'IA dans les PME

L'IA peut être appliquée à divers domaines opérationnels pour améliorer l'efficacité et la prise de décision.

- Automatisation robotique des processus (RPA) avec l'IA : Les solutions RPA intégrant des capacités d'IA peuvent automatiser des tâches plus complexes qui nécessitent une prise de décision. Par exemple, l'IA peut analyser des documents, extraire des informations pertinentes et prendre des décisions basées sur des règles prédéfinies.
Exemple : Automatisation du traitement des factures, où l'IA reconnaît et extrait les données des factures numérisées, valide les informations et initie les paiements.

- Analyse prédictive : Utiliser des algorithmes d'apprentissage machine pour analyser des données historiques et prédire les tendances futures. Cela permet aux PME de prendre des décisions basées sur des données, d'optimiser les inventaires, et de planifier les ressources de manière plus efficace.
Exemple : Prédiction de la demande basée sur les ventes passées et les tendances du marché pour optimiser la gestion des stocks.

- Service client avec des chatbots et des assistants

virtuels : Les chatbots alimentés par l'IA peuvent gérer les requêtes des clients de manière continue et instantanée, améliorant ainsi l'expérience client tout en réduisant la charge de travail des équipes de support.

Exemple : Un chatbot sur le site web de l'entreprise qui aide les clients à trouver des informations, passer des commandes ou résoudre des problèmes courants sans intervention humaine.

- Personnalisation des offres marketing : L'IA peut analyser les comportements des clients et segmenter l'audience pour créer des campagnes marketing personnalisées et ciblées, augmentant ainsi les taux de conversion et la satisfaction client.

Exemple : Utilisation de l'IA pour personnaliser les newsletters en fonction des préférences et des historiques d'achat des clients.

- Optimisation des processus de recrutement : Les outils d'IA peuvent analyser les CV, présélectionner les candidats, et même mener des entretiens virtuels, rendant le processus de recrutement plus rapide et plus efficace.

Exemple : Analyse des CVs reçus pour identifier les candidats correspondant le mieux aux critères du poste.

Exemples d'amélioration de la productivité

Les exemples concrets suivants illustrent comment l'IA peut améliorer la productivité dans une PME :

- Automatisation du traitement des emails : L'IA peut classer et répondre automatiquement à certains emails, réduire le temps passé par les employés à trier les courriels et permettre une gestion plus efficace des communications.

Exemple : Un système d'IA qui filtre les courriels en fonction de leur contenu et les route vers les départements appropriés ou génère des réponses automatiques pour des demandes courantes.

- Gestion intelligente de la supply chain : Les solutions d'IA peuvent optimiser la chaîne d'approvisionnement en prévoyant les ruptures de stock, en identifiant les fournisseurs les plus performants, et en optimisant les niveaux de stock pour réduire les coûts et les délais.

Exemple : Utilisation de l'IA pour prévoir les besoins de production et ajuster les commandes de matières premières en conséquence.

- Support IT automatisé : Les assistants virtuels et les systèmes d'IA peuvent fournir des supports techniques de premier niveau, diagnostiquer les problèmes courants et proposer des solutions instantanées.

Exemple : Un assistant virtuel qui aide les employés à résoudre des problèmes informatiques courants comme les réinitialisations de mots de passe ou les configurations de logiciels.

Étapes pour intégrer l'IA dans votre PME

Pour tirer parti de l'IA et améliorer la productivité, suivez ces étapes :

1. Identification des cas d'usage :
   - Évaluez les processus actuels pour identifier les domaines où l'IA peut apporter des améliorations significatives. Concentrez-vous sur les tâches répétitives, les processus de prise de décision basés sur des données, et les domaines nécessitant des interactions clients.

2. Sélection des outils et des partenaires :
   - Choisissez des solutions d'IA qui répondent à vos besoins spécifiques. Collaborez avec des fournisseurs de technologies et des partenaires experts pour garantir une mise en œuvre efficace.

3. Collecte et préparation des données :

- Assurez-vous que vous avez accès aux données pertinentes et de haute qualité qui alimenteront les modèles d'IA. La qualité des données est cruciale pour obtenir des prédictions précises et utiles.

4. Développement et tests :
- Développez des modèles d'IA adaptés à vos besoins et testez-les dans un environnement pilote pour évaluer leur performance et leur impact. Impliquez vos équipes dès le début pour ajuster les paramètres et optimiser les résultats.

5. Déploiement et formation :
- Déployez les solutions d'IA dans l'ensemble de l'entreprise et formez les employés à leur utilisation. Assurez-vous que le personnel comprend les bénéfices de l'IA et sait comment l'utiliser efficacement.

6. Suivi et amélioration continue :
- Suivez les performances des solutions d'IA en utilisant des KPIs spécifiques. Recueillez les retours des utilisateurs et itérez sur les modèles pour les améliorer continuellement.

En intégrant l'IA dans les processus de votre PME, vous pouvez révolutionner votre manière de travailler, améliorer la productivité et accroître votre compétitivité. Cela permet de libérer des ressources humaines pour des tâches à plus forte valeur ajoutée, tout en offrant des solutions intelligentes et efficaces pour vos défis opérationnels.

6.3 Exemples de digitalisation réussie dans les domaines : finance, marketing, RH

La digitalisation offre des opportunités uniques pour transformer les opérations dans divers domaines d'une entreprise. En adoptant des technologies numériques, les PME peuvent améliorer l'efficacité, la précision, et la satisfaction client. Ce sous-chapitre présente des exemples concrets de digitalisation réussie dans les secteurs de la finance, du marketing, et des ressources humaines (RH).

Finance

La digitalisation dans le domaine financier permet une gestion plus transparente, plus efficace et plus précise des ressources financières de l'entreprise.

- Automatisation de la comptabilité : En utilisant des logiciels de comptabilité automatisée, les PME peuvent simplifier les processus comptables, réduire les coûts et minimiser les erreurs humaines.
- Exemple : Une PME adopte un logiciel comme QuickBooks pour automatiser la saisie des factures, le rapprochement bancaire, et la génération de rapports financiers. Les comptables peuvent ainsi se concentrer sur l'analyse et la stratégie financière plutôt que sur des tâches répétitives.

- Gestion des paiements et de la facturation : Les plateformes de paiement en ligne et les solutions de facturation électronique réduisent le temps et l'effort nécessaires pour gérer les transactions.
- Exemple : En utilisant Stripe pour les paiements en ligne et Zoho Invoice pour la facturation électronique, une PME peut accélérer les cycles de facturation, améliorer la

trésorerie et offrir une meilleure expérience aux clients.

- Analyse financière en temps réel : Les outils de business intelligence permettent de suivre les performances financières en temps réel et d'identifier rapidement les tendances et les anomalies.
- Exemple : Une PME utilise Power BI pour créer des tableaux de bord interactifs et visualiser des indicateurs financiers clés, permettant aux dirigeants de prendre des décisions plus informées et rapides.

Marketing

Le marketing digital transforme la manière dont les entreprises atteignent et interagissent avec leurs clients, en offrant des moyens plus efficaces et mesurables pour promouvoir des produits et services.

- Marketing par courriel automatisé : Les plateformes de marketing par courriel automatisé permettent de personnaliser les communications et de nourrir les prospects de manière ciblée.

Exemple : En utilisant Mailchimp, une PME crée des campagnes d'emailing segmentées basées sur le comportement des utilisateurs, augmentant ainsi le taux de conversion et la fidélisation des clients.

- Campagnes de publicité en ligne : Les outils de gestion de publicités sur les réseaux sociaux et les moteurs de recherche offrent une manière ciblée et mesurable de promouvoir les produits.

Exemple : Grâce à Google Ads et Facebook Ads, une PME peut lancer des campagnes publicitaires ciblées en fonction des données démographiques et des intérêts des utilisateurs, optimisant ainsi le retour sur investissement publicitaire.

- Analyse des performances marketing : Les plateformes d'analyse marketing fournissent des insights détaillés sur l'efficacité des campagnes et le comportement des clients.

Exemple : Utilisation de Google Analytics pour suivre le trafic web, mesurer l'engagement des utilisateurs, et analyser les conversions, permettant ainsi d'ajuster les stratégies marketing en fonction des données.

Ressources Humaines (RH)

La digitalisation des processus RH améliore l'efficacité de la gestion du personnel, de la paie, du recrutement et des performances.

- Systèmes de gestion des ressources humaines (HRIS) : Les HRIS centralisent tous les aspects de la gestion du personnel, de la paie et des avantages sociaux, réduisant les tâches administratives et améliorant la précision des données.
- Exemple : Une PME implémente BambooHR pour gérer les enregistrements des employés, le suivi des congés, et la gestion des avantages, simplifiant ainsi les process administratifs et favorisant l'engagement des employés.

- Recrutement en ligne et onboarding : Les plateformes de recrutement et d'onboarding permettent de rationaliser le processus de recrutement, de la publication des offres d'emploi à l'intégration des nouveaux employés.
- Exemple : Utilisation de LinkedIn Recruiter pour trouver et engager des talents, suivie par l'utilisation de l'outil d'onboarding de Workable pour intégrer les nouveaux employés de manière structurée et efficace.

- Évaluation et formation : Les systèmes d'évaluation des performances et les plateformes de formation en ligne créent un environnement propice à la croissance et au développement des employés.
- Exemple : Une PME utilise ClearCompany pour des évaluations de performance continues et

des plateformes comme Coursera pour offrir des formations continues aux employés, garantissant un développement professionnel constant.

En adoptant des solutions digitales dans les domaines de la finance, du marketing, et des ressources humaines, les PME peuvent non seulement améliorer l'efficacité et la précision des opérations, mais aussi renforcer leur capacité à réagir rapidement aux changements du marché et aux besoins des clients. Ces exemples illustrent comment les technologies digitales peuvent transformer et optimiser les processus internes, offrant des avantages concurrentiels significatifs.

CHAPITRE 7 : ENGAGEMENT DES CLIENTS À L'ÈRE NUMÉRIQUE

Enfin, une transformation numérique réussie ne peut être complète sans un engagement client solide. Les outils numériques offrent des possibilités inédites pour améliorer l'expérience client et fidéliser votre clientèle. Ce chapitre se concentre sur les stratégies pour engager les clients à l'ère numérique, en utilisant des outils comme les CRM, les solutions omnicanal, et en optimisant la gestion de la relation client pour créer des expériences personnalisées et efficaces.

7.1 Améliorer l'expérience client grâce aux outils numériques

L'expérience client est un facteur déterminant pour la fidélisation et la satisfaction des clients. Les outils numériques offrent de nombreuses opportunités pour améliorer cette expérience, en rendant les interactions plus fluides, personnalisées et efficaces. Ce sous-chapitre explore comment les PME peuvent utiliser divers outils numériques pour transformer l'expérience client.

Outils pour une meilleure gestion de la relation client (CRM)

Les systèmes de gestion de la relation client (CRM) centralisent les informations clients et facilitent la gestion des interactions et des données clients.

- Personnalisation des interactions : Un CRM permet de suivre les préférences, l'historique d'achat et les interactions passées de chaque client. Les PME peuvent ainsi personnaliser leurs communications et offres spécifiques.
- Exemple : Utilisation de Salesforce pour envoyer des recommandations de produits basées sur les achats antérieurs et les centres d'intérêt des clients.

- Automatisation des processus : Les outils CRM automatisent les tâches telles que l'envoi de courriels de suivi, la gestion des leads et la segmentation des données clients, ce qui améliore l'efficacité et la réactivité.
- Exemple : HubSpot CRM pour automatiser les e-mails de bienvenue et de remerciement, renforçant ainsi l'engagement des clients dès leur première interaction.

Expérience omnicanal

Offrir une expérience client cohérente et harmonieuse sur tous les canaux de communication est essentiel pour répondre aux attentes modernes des clients.

- Intégration des canaux : Assurez-vous que les interactions clients sont intégrées et suivies sur tous les canaux (e-mail, chat, téléphone, réseaux sociaux) pour offrir une expérience continue et sans faille.

Exemple : Utilisation de Zendesk pour centraliser les interactions client provenant de divers canaux et offrir une assistance cohérente et rapide.

- Plateformes e-commerce avancées : Les plateformes de commerce électronique peuvent offrir des expériences d'achat personnalisées, des recommandations de produits, et des processus de commande simplifiés.

Exemple : Shopify permet de personnaliser la vitrine en fonction du comportement des visiteurs, d'offrir des suggestions de produits et de simplifier le passage à la caisse pour une expérience d'achat optimisée.

Feedback et interaction en temps réel

Recueillir des feedbacks en temps réel et interagir de manière proactive avec les clients permet d'améliorer continuellement l'expérience client.

- Outils de feedback client : Utilisez des sondages en ligne, des questionnaires et des outils de feedback pour recueillir l'avis des clients sur leurs expériences et identifier les domaines d'amélioration.
- Exemple : SurveyMonkey pour envoyer des enquêtes post-achat et recueillir des commentaires sur la satisfaction client et les suggestions d'amélioration.

- Les outils de chat en direct et les chatbots peuvent fournir une assistance instantanée, répondre aux questions fréquentes et résoudre les problèmes en temps réel, améliorant ainsi la satisfaction client.
- Exemple : Intercom pour offrir une assistance en

temps réel aux visiteurs du site web, améliorant ainsi l'accessibilité et la réactivité du service client.

Personnalisation et engagement

La personnalisation de l'expérience client et l'engagement proactif renforcent la fidélité et la satisfaction des clients.

- Personnalisation du contenu : Les systèmes de gestion de contenu (CMS) et les outils d'analyse permettent de personnaliser le contenu en fonction des comportements et des préférences des utilisateurs.

Exemple : Utiliser WordPress avec des plugins de personnalisation pour afficher des contenus et des offres spécifiques en fonction du comportement de navigation des utilisateurs.

- Programmes de fidélité numériques : Les plateformes de fidélité peuvent inciter les clients à revenir en offrant des récompenses, des réductions et des avantages exclusifs.

Exemple : Utilisation de Smile.io pour créer et gérer des programmes de fidélité, offrant des points et des récompenses pour les achats répétés, les parrainages et les interactions sur les réseaux sociaux.

Importance de l'expérience utilisateur (UX)

Une expérience utilisateur (UX) bien conçue est cruciale pour maximiser l'engagement et les conversions.

- Design centré sur l'utilisateur : Adoptez une approche de design centrée sur l'utilisateur en développant des interfaces intuitives et en facilitant la navigation.

Exemple : Utilisation de techniques de design UX pour tester et améliorer les parcours utilisateurs sur le site web, réduisant ainsi les frictions et augmentant les taux de conversion.

- Optimisation mobile : Avec l'augmentation des

utilisateurs mobiles, il est crucial d'optimiser les sites web et les applications pour offrir une expérience fluide et réactive sur tous les appareils.

Exemple : Utilisation de Google AMP pour accélérer le temps de chargement des pages web sur les appareils mobiles, garantissant ainsi une expérience rapide et agréable pour les utilisateurs mobiles.

En utilisant des outils numériques pour améliorer l'expérience client, les PME peuvent non seulement répondre aux attentes croissantes des clients, mais aussi renforcer leur fidélité et leur engagement. Une approche centrée sur le client, soutenue par des technologies avancées, permet de créer des interactions plus personnelles, réactives et satisfaisantes, contribuant ainsi à la croissance et au succès à long terme de l'entreprise.

7.2 Stratégies de marketing digital (SEO, réseaux sociaux, email marketing)

Le marketing digital est une composante essentielle pour attirer, engager et convertir des clients en ligne. Les stratégies de marketing digital telles que l'optimisation pour les moteurs de recherche (SEO), les campagnes sur les réseaux sociaux et l'email marketing permettent aux PME de toucher un public plus large de manière efficace et mesurable.

Optimisation pour les moteurs de recherche (SEO)

Le SEO est crucial pour améliorer la visibilité de votre site web sur les moteurs de recherche comme Google. Une meilleure visibilité se traduit par un trafic organique accru, ce qui peut augmenter les opportunités de conversion sans frais publicitaires élevés.

- Recherche de mots-clés : Identifiez les mots-clés pertinents que votre audience cible utilise pour rechercher des produits ou services similaires aux vôtres. Utilisez des outils comme Google Keyword Planner, SEMrush, ou Ahrefs pour découvrir ces mots-clés.

Exemple : Pour une PME vendant des produits de jardinage, les mots-clés pertinents pourraient inclure "matériel de jardinage", "plants de jardin bio", et "conseils d'entretien du jardin".

- Optimisation sur la page : Optimisez les éléments de votre site web tels que les balises de titre, les méta-descriptions, les en-têtes, et le contenu pour les mots-clés ciblés. Assurez-vous que votre contenu est de haute qualité et répond aux besoins des utilisateurs.

Exemple : Rédiger des articles de blog informatifs et détaillés sur des sujets liés au jardinage en utilisant les mots-clés identifiés, comme "Comment choisir le meilleur matériel de jardinage pour débutants".

- Optimisation hors page : Acquirez des backlinks de qualité provenant de sites web autoritaires dans votre domaine. Les backlinks améliorent la crédibilité de votre site aux yeux des moteurs de recherche.

Exemple : Collaborer avec des blogueurs influents dans le domaine du jardinage pour obtenir des liens vers votre site ou contribuer à des articles invités sur des sites pertinents.

Réseaux sociaux

Les réseaux sociaux sont des plateformes puissantes pour atteindre un large public, construire une communauté et interagir directement avec les clients.

- Sélection des plateformes : Choisissez les réseaux sociaux qui correspondent le mieux à votre audience cible et à vos objectifs commerciaux. Par exemple, Facebook, Instagram, LinkedIn, Twitter, et Pinterest.

Exemple : Une PME dans le secteur de la mode peut choisir Instagram et Pinterest pour mettre en avant ses produits via des visuels attrayants.

- Création de contenu engageant : Produisez du contenu diversifié et engageant, incluant des images, des vidéos, des infographies, et des articles. Le contenu doit être pertinent et intéressant pour votre audience cible.

Exemple : Publier des tutoriels vidéos sur Instagram montrant comment styliser des articles de mode ou créer des albums photo sur Facebook de nouvelles collections saisonnières.

- Publicités ciblées : Utilisez les options de publicité ciblée sur les réseaux sociaux pour atteindre des segments spécifiques de votre audience. Les publicités sur les réseaux sociaux permettent de cibler des utilisateurs en fonction de critères démographiques, comportementaux, et d'intérêt.

Exemple : Utiliser Facebook Ads pour promouvoir une nouvelle collection de produits et cibler des utilisateurs intéressés par la mode et ayant visité des sites de vente de vêtements récemment.

- Engagement et interaction : Encouragez l'interaction avec vos publications, répondez aux commentaires et messages, et créez des sondages ou des concours pour maintenir un engagement élevé.

Exemple : Organiser un concours sur Instagram demandant aux participants de partager des photos de leurs tenues préférées en utilisant votre produit, avec un prix pour la meilleure photo.

Email marketing

L'email marketing est un outil puissant pour atteindre directement les clients, nourrir les prospects et fidéliser les clients existants.

- Segmentation de la liste : Segmentez votre liste de contacts en fonction de critères tels que les comportements d'achat, les intérêts, la localisation, et les interactions passées. Cela permet d'envoyer des messages personnalisés et pertinents.

Exemple : Une PME de vente d'articles de sport peut segmenter sa liste en fonction des sports pratiqués par les clients (par exemple, course à pied, cyclisme, yoga) et envoyer des recommandations de produits spécifiques à chaque segment.

- Contenu personnalisé : Créez des campagnes d'emailing personnalisées avec des contenus adaptés aux intérêts et aux besoins de chaque segment. Utilisez des éléments visuels attrayants et des appels à l'action clairs.

Exemple : Envoyer des newsletters contenant des conseils

d'entraînement, des recommandations de produits et des promotions spéciales basées sur les achats antérieurs des clients.

- Automatisation des emails : Utilisez des outils d'automatisation pour envoyer des emails déclenchés par des actions spécifiques des utilisateurs, comme l'inscription à la newsletter, l'abandon de panier, ou un achat récent.

Exemple : Mise en place d'une série d'emails de bienvenue automatisés pour les nouveaux abonnés, introduisant l'histoire de l'entreprise, les produits populaires et offrant une remise de bienvenue.

- Analyse des performances : Suivez et analysez les métriques clés telles que les taux d'ouverture, les taux de clics, et les conversions pour évaluer l'efficacité de vos campagnes d'email marketing et ajuster votre stratégie en conséquence.

Exemple : Utiliser les rapports de performance pour identifier quelles campagnes d'emailing ont le taux de conversion le plus élevé et affiner les futurs envois pour maximiser l'engagement et les ventes.

En mettant en œuvre des stratégies de marketing digital efficaces telles que le SEO, les campagnes sur les réseaux sociaux et l'email marketing, les PME peuvent atteindre une audience plus large, engager les clients de manière significative et augmenter les taux de conversion. Ces approches permettent de créer des connexions plus fortes avec les clients, d'accroître la notoriété de la marque et de stimuler la croissance des ventes dans un paysage numérique en constante évolution.

7.3 Utilisation des données clients pour personnaliser les offres

La collecte et l'analyse des données clients permettent aux entreprises de mieux comprendre les besoins, les préférences et les comportements des consommateurs. Grâce à ces insights, les PME peuvent personnaliser leurs offres, améliorer l'engagement des clients et augmenter les conversions. Ce sous-chapitre explore les méthodes pour collecter et utiliser les données clients afin de proposer des offres personnalisées.

Collecte des données clients

Pour personnaliser les offres, il est essentiel de disposer de données précises et complètes sur les clients. Voici quelques sources de collecte de données :

- Formulaires d'inscription et enquêtes : Utilisez des formulaires d'inscription et des enquêtes pour recueillir des informations démographiques, des préférences et des intérêts des clients.
- Exemple : Demandez aux clients de remplir un court questionnaire lors de leur inscription à une newsletter ou lors de la création d'un compte en ligne, afin de connaître leurs intérêts et préférences.

- Historique des transactions : Analysez les données des achats précédents pour identifier les produits préférés, les fréquences d'achat et les montants dépensés.
- Exemple : Utilisez les données d'historique des commandes pour déterminer les articles fréquemment achetés ensemble et proposer des offres groupées ou des remises ciblées.

- Comportement en ligne : Surveillez les comportements de navigation sur le site web, tels que les pages visitées, les produits consultés, et les durées de visite.

- Exemple : Utilisez Google Analytics pour suivre le parcours des utilisateurs sur le site et identifier les produits qui attirent le plus d'attention, puis recommandez des produits similaires.

- Interactions sur les réseaux sociaux : Analysez les interactions des clients sur les réseaux sociaux, y compris les likes, les partages et les commentaires, pour mieux comprendre leurs intérêts et préférences.
- Exemple : Utilisez les données de Facebook Insights pour identifier les publications les plus engageantes et adapter les campagnes marketing en conséquence.

Analyse des données clients

Une fois les données collectées, il est nécessaire de les analyser pour en extraire des insights exploitables.

- Segmentation des clients : Segmentez votre base de données clients en groupes distincts basés sur des critères tels que les comportements d'achat, les préférences de produits, et les caractéristiques démographiques.

Exemple : Segmentez les clients en fonction de leur fréquence d'achat (clients réguliers, occasionnels, nouveaux clients) et créez des campagnes marketing spécifiques pour chaque segment.

- Analyse prédictive : Utilisez des algorithmes d'apprentissage machine pour prédire les comportements futurs des clients, comme les probabilités d'achat d'un produit ou la probabilité de churn.

Exemple : Utilisez un modèle prédictif pour identifier les clients qui sont susceptibles de se désabonner et proposez-leur des offres incitatives pour les fidéliser.

- Cartographie du parcours client : Analysez le parcours

du client depuis la première interaction avec l'entreprise jusqu'à l'achat et au-delà pour identifier les points de friction et les opportunités de personnalisation.

Exemple : Utilisez les outils de cartographie du parcours client pour visualiser les étapes clés et optimiser chaque point de contact en fonction des besoins spécifiques du client.

Personnalisation des offres

L'exploitation des données clients permet de créer des offres personnalisées qui répondent aux attentes et préférences spécifiques de chaque client.

- Recommandations de produits : Utilisez des systèmes de recommandation pour proposer des produits basés sur les préférences et les comportements d'achat des clients.

Exemple : Utilisez un moteur de recommandation pour afficher des produits similaires ou complémentaires sur la page produit ou dans les emails de suivi, comme le fait Amazon.

- Campagnes d'email marketing personnalisées : Envoyez des emails ciblés et pertinents en fonction des segments de clientèle et des données comportementales.

Exemple : Envoyez des emails de rappel aux clients ayant abandonné leur panier, en proposant une remise spéciale pour finaliser leur achat.

- Offres spéciales et promotions : Créez des offres spéciales et des promotions basées sur les historiques d'achat et les préférences des clients pour augmenter l'engagement et les ventes.

Exemple : Proposez des remises exclusives sur les produits favoris des clients ou organisez des ventes privées pour les segments de clients les plus fidèles.

- Personnalisation du contenu web : Ajustez le contenu du

site web en temps réel pour chaque visiteur en fonction de ses préférences et comportements passés.

Exemple : Utilisez des plugins de personnalisation pour afficher des bannières, des offres spéciales ou des contenus recommandés en fonction des pages visitées précédemment par le client.

Mesures et optimisation

Pour garantir l'efficacité de la personnalisation, il est crucial de mesurer les résultats et d'optimiser en conséquence.

- Indicateurs de performance clés (KPIs) : Suivez des KPIs spécifiques tels que le taux de conversion, la valeur moyenne des commandes, et la rétention des clients pour évaluer l'impact des stratégies de personnalisation.
- Exemple : Analyser l'augmentation des ventes suite à l'implémentation de recommandations de produits personnalisés.

- Feedback clients : Recueillez des retours clients pour comprendre leur satisfaction et identifier les domaines nécessitant des améliorations.
- Exemple : Utilisez des sondages post-achat pour recueillir des avis sur les recommandations de produits et les campagnes d'email marketing.

- A/B testing : Effectuez des tests A/B pour comparer différentes versions de campagnes personnalisées et déterminer celles qui génèrent les meilleurs résultats.
- Exemple : Testez différentes variantes d'emails de rappel de panier abandonné pour identifier l'offre ou le message le plus efficace.

En utilisant les données clients pour personnaliser les offres, les PME peuvent améliorer l'expérience client, augmenter l'engagement et maximiser les conversions. La personnalisation basée sur les données renforce la fidélité des clients et crée une relation plus étroite et plus significative avec chaque client, posant ainsi les bases d'une croissance durable et d'un avantage concurrentiel solide.

CHAPITRE 8 : SUIVI ET ÉVALUATION DES PROGRÈS

A près avoir mis en place des technologies numériques et digitalisé vos processus métiers, il est crucial de suivre et d'évaluer les progrès réalisés pour garantir le succès de votre transformation numérique. La mesure et l'analyse de vos performances vous permettent de comprendre ce qui fonctionne, d'identifier les domaines à améliorer et de prendre des décisions éclairées pour l'avenir. Dans ce chapitre, nous aborderons les outils et les techniques de suivi et d'évaluation, ainsi que les indicateurs clés de performance (KPI) à surveiller pour mesurer l'impact de vos initiatives numériques.

8.1 Indicateurs clés de performance (KPIs) pour la transformation numérique

La transformation numérique est un processus complexe qui nécessite une évaluation continue pour garantir son succès. Les indicateurs clés de performance (KPIs) sont des métriques essentielles pour mesurer l'efficacité des initiatives numériques, suivre les progrès et identifier les domaines nécessitant des améliorations. Ce sous-chapitre explore les principaux KPIs à suivre pour évaluer la transformation numérique de votre PME.

Choisir les bons KPIs

Pour mesurer efficacement la transformation numérique, il est crucial de choisir les KPIs qui s'alignent avec les objectifs spécifiques de votre entreprise. Voici quelques catégories de KPIs à considérer :

- KPIs de performance opérationnelle :
  - Productivité des employés : Mesurez la productivité des employés avant et après la mise en œuvre des technologies numériques. Cela peut inclure le nombre de tâches accomplies, le temps moyen pour accomplir une tâche, et le taux d'automatisation des processus.

Exemple : Suivre le temps moyen de traitement des commandes avant et après l'automatisation des systèmes de gestion des commandes.

- KPIs financiers :
  - Retour sur investissement (ROI) : Calculez le ROI des projets de transformation numérique en comparant les gains financiers réalisés avec les coûts engagés.

Exemple : Calculer le ROI de l'implémentation d'un CRM en mesurant l'augmentation des ventes et la réduction des coûts opérationnels.

- KPIs de satisfaction client :
    - Net Promoter Score (NPS) : Mesurez la satisfaction et la fidélité des clients en utilisant des enquêtes NPS pour évaluer la disposition des clients à recommander votre entreprise.

Exemple : Suivre le NPS après la mise en œuvre de nouvelles technologies de support client comme les chatbots.

- KPIs de performance technique :
    - Disponibilité des systèmes : Suivre la disponibilité et la fiabilité des systèmes informatiques pour s'assurer qu'ils fonctionnent sans interruption.

Exemple : Mesurer le temps de disponibilité des services cloud et le taux de résolution des pannes techniques.

Comment mesurer et interpréter les résultats

Une fois les KPIs définis, il est important de mettre en place des mécanismes pour mesurer et interpréter les résultats régulièrement. Voici quelques méthodes pour y parvenir :

- Tableaux de bord et rapports :
    - Centralisation des données : Utilisez des outils de tableau de bord pour centraliser les données des différents KPIs et visualiser les performances en temps réel.

Exemple : Utiliser Microsoft Power BI ou Tableau pour créer des tableaux de bord interactifs qui affichent les tendances et les écarts par rapport aux objectifs.

- Analyses périodiques :
    - Revue des performances : Organisez des réunions régulières pour examiner les

performances et discuter des résultats avec les parties prenantes clés.

Exemple : Tenir des réunions trimestrielles pour évaluer les progrès de la transformation numérique et ajuster les stratégies en conséquence.

- Benchmarking :
  - Comparaison avec des standards : Comparez vos KPIs à des benchmarks de l'industrie pour évaluer comment votre entreprise se positionne par rapport à la concurrence.

Exemple : Utiliser les rapports d'analystes ou les études de marché pour comparer le NPS de votre entreprise avec la moyenne du secteur.

- Analyse des écarts :
  - Identification des écarts : Analysez les écarts entre les performances réelles et les objectifs fixés pour identifier les domaines nécessitant des améliorations.

Exemple : Mesurer l'écart entre le temps de traitement ciblé des commandes et le temps de traitement réel pour identifier les inefficacités.

Exemples de KPIs spécifiques à la transformation numérique

Voici quelques exemples concrets de KPIs à suivre dans le cadre d'une transformation numérique :

- Taux d'adoption des technologies :
  - Description : Pourcentage d'utilisateurs adoptant les nouvelles technologies par rapport au nombre total d'utilisateurs ciblés.
  - Utilité : Mesurer le succès de la mise en œuvre et l'acceptation des nouvelles technologies par les employés.

- Taux d'automatisation :

- Description : Pourcentage de processus métiers qui ont été automatisés par rapport au nombre total de processus identifiés pour l'automatisation.
- Utilité : Évaluer l'efficacité de l'automatisation dans la réduction des tâches manuelles et l'amélioration de l'efficacité opérationnelle.

- Taux de support client résolu au premier contact :
  - Description : Pourcentage de demandes de support client résolues lors du premier contact avec le service client.
  - Utilité : Mesurer l'efficacité des outils de support client numériques et la satisfaction des clients.

- Temps de déploiement des nouvelles technologies :
  - Description : Durée moyenne nécessaire pour déployer de nouvelles technologies ou mises à jour.
  - Utilité : Évaluer la rapidité avec laquelle l'entreprise peut mettre en œuvre des changements technologiques et s'adapter aux évolutions du marché.

En choisissant des KPIs pertinents et en mettant en place des processus efficaces pour mesurer et interpréter les résultats, votre PME pourra suivre les progrès réalisés dans le cadre de la transformation numérique et ajuster les stratégies en conséquence. Cela permet de garantir que les objectifs sont atteints et que les initiatives numériques apportent une valeur ajoutée tangible à l'entreprise.

8.2 Méthodes d'évaluation et d'analyse des résultats

L'évaluation et l'analyse des résultats sont essentielles pour comprendre l'impact des initiatives de transformation numérique et pour réaliser des ajustements nécessaires. Mettre en place des méthodes efficaces permet non seulement de mesurer les succès, mais aussi de détecter les domaines nécessitant des améliorations. Ce sous-chapitre explore diverses méthodes pour évaluer et analyser les résultats de la transformation numérique.

Évaluation continue

L'évaluation continue consiste à surveiller et à mesurer les performances de manière régulière, ce qui permet d'identifier rapidement les problèmes et d'ajuster les stratégies.

- Revue périodique des KPIs :
    - Description : Organisez des revues régulières des indicateurs clés de performance (KPIs) pour analyser les progrès par rapport aux objectifs fixés.
    - Exemple : Tenir des réunions mensuelles pour examiner les performances en matière de productivité, ROI, satisfaction client, et autres KPIs pertinents.

- Audits internes :
    - Description : Effectuez des audits internes réguliers pour vérifier que les processus et les technologies sont correctement utilisés et optimisés.
    - Exemple : Élaborer des audits trimestriels pour évaluer la conformité des pratiques de sécurité informatique aux normes établies.

- Feedback des parties prenantes :

- Description : Recueillez en continu les feedbacks des employés, des clients et des partenaires pour évaluer les impacts des changements numériques.
- Exemple : Utiliser des sondages et des entretiens pour obtenir des retours sur les nouvelles technologies et sur leur impact sur les opérations quotidiennes.

Techniques d'analyse des résultats

Une fois les données collectées, il est crucial de les analyser de manière approfondie pour en extraire des insights exploitables.

- Analyse des tendances :
  - Description : Analysez les tendances à partir des données collectées pour identifier des motifs et des évolutions au fil du temps.
  - Exemple : Analyse des tendances des ventes saisonnières sur plusieurs années pour anticiper les périodes de forte demande et ajuster les stratégies marketing.

- Analyse comparative (Benchmarking) :
  - Description : Comparez les performances de votre entreprise à celles des leaders du secteur ou par rapport aux standards de l'industrie.
  - Exemple : Comparer les scores de satisfaction client de votre entreprise avec ceux des concurrents pour identifier les domaines où des améliorations sont nécessaires.

- Analyse SWOT :
  - Description : Utilisez l'analyse SWOT (Forces, Faiblesses, Opportunités, Menaces) pour évaluer l'impact de la transformation numérique.
  - Exemple : Identifier les forces telles que

l'augmentation de la productivité, les faiblesses comme la courbe d'apprentissage, et ajuster les plans en conséquence.

Modèles d'analyse avancée

Pour aller plus loin dans l'évaluation des impacts, considérez des modèles d'analyse avancée qui utilisent des techniques statistiques et des technologies d'intelligence artificielle.

- Analyse prédictive :
    - Description : Utilisez des algorithmes d'apprentissage machine pour prédire les résultats futurs basés sur les tendances passées et actuelles.
    - Exemple : Prédiction des ventes futures en fonction des données historiques de ventes, des tendances du marché et des comportements des clients.

- Analyse des causes profondes (Root Cause Analysis) :
    - Description : Identifiez les causes sous-jacentes des écarts de performances pour déterminer les actions correctives nécessaires.
    - Exemple : Utiliser des techniques de diagramme de Pareto ou de Ishikawa pour analyser les raisons des retards dans la livraison des projets.

- Analyse sentimentale :
    - Description : Utilisez des outils d'analyse sentimentale sur les données des réseaux sociaux et des avis clients pour comprendre les sentiments des clients vis-à-vis de vos produits ou services.
    - Exemple : Analyser les commentaires sur les réseaux sociaux pour détecter des signes de mécontentement ou de satisfaction des clients.

Rapports et visualisation des données

La présentation claire des résultats est essentielle pour une prise de décision informée. Utilisez des outils de visualisation des données pour créer des rapports convaincants.

- Tableaux de bord interactifs :
  - Description : Créez des tableaux de bord interactifs pour visualiser les performances et permettre une analyse dynamique.
  - Exemple : Utiliser Microsoft Power BI pour développer des tableaux de bord qui affichent les KPIs en temps réel, avec des filtres permettant de zoomer sur des détails spécifiques.

- Rapports automatisés :
  - Description : Mettez en place des rapports automatisés pour des mises à jour régulières et opportunes des KPIs critiques.
  - Exemple : Configurer des rapports hebdomadaires automatiques générés par Google Analytics pour suivre les performances du site web et des campagnes marketing.

- Storytelling avec les données :
  - Description : Utilisez le storytelling pour contextualiser les données et raconter une histoire convaincante sur les impacts de la transformation numérique.
  - Exemple : Préparer des présentations pour les réunions de direction en mettant en évidence non seulement les chiffres, mais aussi les histoires de succès et les leçons apprises.

Ajustement de la stratégie

En fonction des analyses, ajustez les stratégies de transformation numérique pour optimiser les résultats et garantir la réalisation des objectifs.

- Réévaluation des objectifs :
  - Description : Ajustez les objectifs en fonction des progrès réalisés et des nouveaux insights collectés.
  - Exemple : Réviser les objectifs annuels de croissance des ventes après avoir constaté une augmentation plus rapide que prévu des ventes en ligne.

- Adaptation des processus et des technologies :
  - Description : Modifiez les processus métiers et les technologies utilisées pour améliorer leur efficacité et leur alignement avec les objectifs stratégiques.
  - Exemple : Implémenter de nouvelles fonctionnalités dans le CRM suite à des feedbacks positifs des équipes de vente sur l'amélioration de leur productivité.

- Allocation des ressources :
  - Description : Réallouez les ressources en fonction des priorités identifiées pendant l'analyse, en optimisant l'utilisation des ressources humaines, financières et technologiques.
  - Exemple : Allouer plus de budget à des campagnes marketing digitales performantes après avoir constaté une augmentation du ROI.

En adoptant des méthodes rigoureuses pour évaluer et analyser les résultats de la transformation numérique, les PME peuvent s'assurer que leurs initiatives apportent les bénéfices attendus et sont en ligne avec les objectifs stratégiques. Cela permet de prendre des décisions informées, de maximiser le retour sur investissement et d'ajuster continuellement les stratégies pour s'adapter aux défis et opportunités émergents.

CHAPITRE 9 : CAS PRATIQUES ET ÉTUDES DE CAS

Après avoir exploré les diverses stratégies et outils nécessaires à la transformation numérique, il est inspirant et instructif de voir comment d'autres PME ont réussi leur propre parcours de digitalisation. En examinant des exemples et des études de cas, vous pourrez découvrir des approches pratiques et des idées innovantes que vous pourrez adapter à votre propre entreprise. Ce chapitre présente une série de témoignages et d'exemples détaillés pour illustrer les succès et les défis rencontrés par différentes PME dans leur transformation numérique.

9.1 Exemple de PME ayant réussi leur transformation numérique

Les témoignages de PME ayant réussi leur transformation numérique offrent des insights précieux et servent d'inspiration pour d'autres entreprises en quête de digitalisation. Voici une série de témoignages de PME venant de différents secteurs qui ont su tirer parti des technologies numériques pour transformer leurs activités et obtenir des résultats remarquables.

Témoignage 1 : Une PME dans le secteur de la santé

Nom de l'entreprise : Medico Santé

Contexte : Medico Santé, une PME spécialisée dans la distribution de matériel médical, faisait face à une concurrence accrue et avait des difficultés à gérer ses stocks et à garantir la disponibilité des produits.

Initiatives de transformation numérique :
- Implémentation d'un ERP : Medico Santé a adopté un système ERP pour centraliser la gestion des stocks, des commandes et des finances.
- Automatisation des processus : L'entreprise a automatisé le traitement des commandes et la gestion des stocks pour réduire les erreurs et les délais.
- Plateforme e-commerce : Une nouvelle plateforme e-commerce a été mise en place pour faciliter les commandes en ligne et offrir une meilleure expérience client.

- Résultats :
  - Réduction des erreurs de commande de 30% : L'automatisation a grandement diminué les erreurs, augmentant la satisfaction client.
  - Amélioration de la gestion des stocks : Le système ERP a permis une vue en temps réel

des stocks, réduisant les ruptures de stock et les surplus.
- ○ Augmentation des ventes en ligne de 50% : La nouvelle plateforme e-commerce a attiré plus de clients et facilité le processus de commande.

Témoignage 2 : Une PME dans le secteur de la mode

Nom de l'entreprise :Style Chic

Contexte :Style Chic, une PME dans le secteur de la mode, cherchait à augmenter sa visibilité et à fidéliser ses clients face à la montée en puissance des boutiques en ligne concurrentes.

Initiatives de transformation numérique :
- SEO et marketing digital : L'entreprise a lancé une stratégie de SEO et de marketing digital pour attirer davantage de trafic vers son site web.
- Utilisation des réseaux sociaux : Style Chic a intensifié sa présence sur Instagram et Facebook pour promouvoir ses collections et interagir avec ses clients.
- CRM pour personnalisation : L'implémentation d'un CRM a permis de personnaliser les offres et les campagnes marketing en fonction des comportements d'achat des clients.

- Résultats :
  - ○ Augmentation du trafic web de 60% :** Grâce au SEO et aux campagnes de marketing digital, le site web de Style Chic a connu une hausse significative de visiteurs.
  - ○ Engagement accru sur les réseaux sociaux :** Les followers et les interactions sur Instagram et Facebook ont augmenté, renforçant la notoriété de la marque.
  - ○ Fidélisation des clients améliorée :** Le CRM a permis de personnaliser les communications, augmentant ainsi la satisfaction et la fidélité

des clients.

Témoignage 3 : Une PME dans le secteur manufacturier

Nom de l'entreprise : TechFab

Contexte : TechFab, une PME spécialisée dans la fabrication de composants techniques, faisait face à des enjeux de productivité et de gestion des délais de livraison.

Initiatives de transformation numérique :

- Automatisation des lignes de production : TechFab a investi dans des robots industriels et des systèmes automatisés pour améliorer l'efficacité de la production.
- Analyse de données IoT : L'intégration de capteurs IoT a permis de collecter des données en temps réel sur les performances des machines et les conditions de production.
- Gestion des commandes optimisée : Un logiciel de gestion des commandes a été mis en place pour planifier et suivre les commandes de manière plus efficace.

- Résultats :
  - Augmentation de la productivité de 40% : L'automatisation des lignes de production a considérablement amélioré l'efficacité opérationnelle.
  - Réduction des temps d'arrêt des machines : L'analyse des données IoT a permis une maintenance prédictive, réduisant les temps d'arrêt et les coûts de réparation.
  - Respect des délais de livraison : Le logiciel de gestion des commandes a optimisé la planification, assurant le respect des délais de livraison.

Témoignage 4 : Une PME dans le secteur de l'éducation

Nom de l'entreprise : EduLearn

Contexte : EduLearn, une PME fournissant des services de formation en ligne, cherchait à étendre son offre et à améliorer l'expérience d'apprentissage des utilisateurs.

Initiatives de transformation numérique :
- Plateforme d'apprentissage en ligne : EduLearn a développé une plateforme d'apprentissage en ligne conviviale et accessible via différents dispositifs.
- Utilisation de l'IA pour les recommandations : L'intégration d'algorithmes d'IA a permis de personnaliser les parcours d'apprentissage en recommandant des cours et des contenus adaptés à chaque utilisateur.
- Analyse des performances d'apprentissage : Des outils analytiques ont été implémentés pour suivre les progrès des apprenants et identifier les domaines nécessitant un soutien supplémentaire.

- Résultats :
  - Accroissement du nombre d'inscriptions de 80% : La nouvelle plateforme d'apprentissage en ligne a attiré un nombre croissant d'apprenants.
  - Amélioration de la satisfaction des apprenants :*Les recommandations personnalisées et le suivi des performances ont augmenté l'engagement et la satisfaction des utilisateurs.
  - Expansion de l'offre de cours : La capacité à analyser les besoins des apprenants a permis à EduLearn d'élargir son catalogue de cours en fonction des demandes.

Ces témoignages montrent que la transformation numérique, lorsqu'elle est bien menée, peut générer des gains significatifs en termes d'efficacité, de productivité et de satisfaction client. En s'inspirant de ces exemples, les autres PME peuvent identifier des stratégies et des solutions adaptées à leurs besoins spécifiques et réussir leur propre parcours de transformation numérique.

9.2 Analyse des facteurs de succès et des erreurs à éviter

Analyser les facteurs de succès et les erreurs courantes dans les initiatives de transformation numérique permet de tirer des leçons précieuses et de maximiser les chances de réussite. En s'appuyant sur les témoignages et les études de cas présentés, nous pourrons identifier les éléments essentiels qui ont contribué au succès des projets de transformation numérique, ainsi que les pièges à éviter.

Facteurs de succès

1. Vision claire et objectifs bien définis :
   - Une vision claire et des objectifs précis permettent de guider les efforts de transformation numérique et d'aligner les initiatives avec la stratégie globale de l'entreprise.
   - Exemple : Medico Santé a défini des objectifs clairs d'amélioration de la gestion des stocks et de réduction des erreurs de commande, ce qui a conduit à la mise en œuvre réussie d'un système ERP.

2. Engagement des dirigeants et des parties prenantes :
   - Le soutien et l'implication active des dirigeants et des parties prenantes sont cruciaux pour mobiliser les ressources nécessaires et assurer le succès des projets numériques.
   - Exemple : Style Chic a bénéficié d'un engagement fort de la direction dans l'utilisation des réseaux sociaux et la personnalisation des offres clients.

3. Adaptabilité et flexibilité :
   - Être prêt à ajuster les plans en fonction des retours d'expérience et des évolutions du marché permet de maintenir le cap vers les objectifs fixés.

- Exemple : InnovTech a su adapter ses processus de production en intégrant des technologies IoT et des systèmes automatisés pour améliorer la qualité des produits.

4. Utilisation des données et de l'analyse :
   - L'exploitation des données pour prendre des décisions éclairées et personnaliser les offres renforce l'efficacité des stratégies numériques.
   - Exemple : AgriTech Solutions a utilisé l'analyse des données agricoles pour optimiser les rendements et réduire l'utilisation des ressources.

5. Formation et développement des compétences :
   - Investir dans la formation continue et le développement des compétences numériques des employés est essentiel pour favoriser l'adoption des nouvelles technologies et améliorer la productivité.
   - Exemple : EduLearn a formé ses équipes sur l'utilisation de la plateforme d'apprentissage en ligne et des outils d'analyse pour personnaliser les parcours d'apprentissage.

Erreurs à éviter

1. Manque de préparation et de planification :
   - L'absence de planification approfondie et d'évaluation des besoins peut conduire à des dépassements de coûts, des retards et des échecs de mise en œuvre.
   - Exemple : Une entreprise qui met en œuvre un CRM sans évaluer les besoins spécifiques et sans planifier la formation des utilisateurs risque de rencontrer des problèmes d'adoption.

2. Sous-estimation de la résistance au changement :**
   - Ne pas anticiper et gérer la résistance au changement peut ralentir la transformation et réduire les bénéfices attendus.

- Exemple : Ignorer les préoccupations des employés face à l'automatisation peut entraîner une baisse de moral et d'engagement.

3. Investissements technologiques inadéquats :
   - Investir dans des technologies inadaptées ou sous-évaluées peut limiter l'impact des initiatives numériques et entraîner des pertes financières.
   - Exemple : Choisir une plateforme e-commerce peu performante peut nuire à l'expérience client et réduire les ventes en ligne.

4. Absence de suivi et d'évaluation régulière :
   - Ne pas mettre en place de processus de suivi et d'évaluation continue peut empêcher l'identification des problèmes et l'ajustement des stratégies.
   - Exemple : Ne pas utiliser de KPIs pour évaluer l'automatisation des processus peut conduire à une sous-optimisation des gains de productivité.

5. Manque de communication et de collaboration :
   - Des silos organisationnels et un manque de communication entre les équipes peuvent entraver la réussite des projets numériques.
   - Exemple : Une entreprise où les équipes marketing et IT ne collaborent pas efficacement risque de manquer des opportunités d'intégration et de personnalisation.

Synthèse des meilleures pratiques

Pour réussir la transformation numérique, les PME doivent :

- ✓ Définir une vision claire et des objectifs précis.
- ✓ S'assurer de l'engagement des dirigeants et des parties prenantes.
- ✓ Rester adaptables et flexibles face aux retours et aux évolutions.
- ✓ Exploiter les données pour prendre des décisions éclairées et

personnaliser les offres.

✓ Investir dans la formation continue et le développement des compétences des employés.

✓ Planifier rigoureusement et évaluer régulièrement les progrès.

✓ Anticiper et gérer la résistance au changement.

✓ Choisir les technologies adaptées aux besoins spécifiques de l'entreprise.

✓ Favoriser la communication et la collaboration entre les équipes.

En évitant les erreurs courantes et en s'appuyant sur ces facteurs de succès, les PME peuvent maximiser les bénéfices de leurs initiatives de transformation numérique et obtenir des résultats durables et significatifs. Les témoignages et études de cas présentés montrent que les entreprises qui adoptent une approche proactive et structurée réussissent à naviguer avec succès dans le paysage numérique en constante évolution.

CHAPITRE 10 :
PERSPECTIVES
D'AVENIR

A près avoir examiné divers aspects pratiques et stratégiques de la transformation numérique, il est important de se tourner vers l'avenir pour comprendre les tendances émergentes et les préparer aux évolutions technologiques à venir. Ce chapitre se concentrera sur les innovations qui redéfinissent continuellement le paysage numérique et fournir des pistes pour préparer votre PME à ces changements. En explorant les tendances technologiques et en planifiant de manière proactive, votre entreprise pourra non seulement s'adapter mais aussi prospérer dans un environnement numérique en constante évolution.

10.1 Les tendances émergentes dans la transformation numérique

La transformation numérique est un phénomène en constante évolution, influencé par des avancées technologiques rapides et des changements dans les comportements des consommateurs. Pour rester compétitives, les PME doivent être attentives aux tendances émergentes qui façonnent le paysage numérique. Ce point explore quelques-unes des tendances les plus significatives qui redéfinissent la transformation numérique.

Intelligence Artificielle et Apprentissage Automatique

L'intelligence artificielle (IA) et l'apprentissage automatique continuent de révolutionner différents secteurs grâce à leurs capacités d'analyse de données et d'automatisation.

- IA conversationnelle et chatbots : Les chatbots et assistants virtuels alimentés par l'IA offrent des services et du support client 24/7, améliorant l'expérience client et réduisant les coûts opérationnels.

Exemple : Les PME utilisent des plateformes comme IBM Watson ou Google Dialogflow pour créer des chatbots capables de gérer des requêtes complexes tout en offrant une expérience utilisateur fluide.

- Analyse prédictive : Les algorithmes d'apprentissage automatique analysent des volumes massifs de données pour prévoir des tendances futures, des comportements clients, et optimiser les stratégies marketing et commerciales.

Exemple : Une PME dans le commerce de détail utilise l'analyse prédictive pour anticiper les tendances de consommation et ajuster les stocks en conséquence.

L'Internet des Objets (IoT)

L'Internet des Objets (IoT) permet aux entreprises de connecter des dispositifs physiques à internet, collectant et échangeant des données pour optimiser les opérations.

- Smart Logistics : Les capteurs IoT améliorent la gestion de la chaîne d'approvisionnement, permettant un suivi en temps réel des biens et une optimisation de la logistique.

Exemple : Une entreprise de transport utilise des capteurs IoT pour surveiller la température des marchandises périssables et assurer leur intégrité jusqu'à la livraison.

- Maintenance prédictive : Les capteurs IoT détectent les anomalies dans les équipements industriels, permettant une maintenance proactive et réduisant les temps d'arrêt imprévus.

Exemple : Une PME manufacturière intègre des capteurs IoT dans ses machines pour prédire les pannes et planifier les interventions de maintenance avant qu'elles n'affectent la production.

La 5G

La technologie 5G promet des débits de données ultra-rapides, une latence minimale, et une capacité accrue de connexion, ouvrant la porte à de nouvelles applications et services.

- Connectivité améliorée : La 5G permet une connectivité sans fil plus rapide et plus fiable, essentielle pour des applications comme la réalité augmentée (AR) et la réalité virtuelle (VR).

Exemple : Une PME dans l'immobilier utilise la 5G pour offrir des visites virtuelles immersives de propriétés à distance, améliorant ainsi l'expérience des acheteurs potentiels.

- Applications IoT avancées : La 5G soutient un plus grand nombre de dispositifs IoT connectés simultanément, permettant des villes intelligentes et des usines connectées.

Exemple : Une entreprise de gestion de l'énergie utilise la 5G pour connecter des milliers de capteurs dans des infrastructures urbaines, optimisant la consommation énergétique et réduisant les coûts.

Blockchain et Sécurité des Données

La blockchain est une technologie de registre décentralisé qui offre une sécurité et une transparence accrues pour les transactions numériques.

- Transactions sécurisées : La blockchain garantit la transparence et l'intégrité des transactions en éliminant les intermédiaires et en sécurisant les données.

Exemple : Une PME dans la fintech utilise la blockchain pour sécuriser les transactions financières et les contrats intelligents, assurant des opérations transparentes et fiables.

- Traçabilité des produits : La blockchain améliore la traçabilité des produits dans la chaîne d'approvisionnement, renforçant la confiance des consommateurs et garantissant la qualité.

Exemple : Une entreprise agroalimentaire adopte la blockchain pour tracer l'origine des produits, de la ferme à la table, assurant la traçabilité et la confiance dans la chaîne d'approvisionnement.

Réalité Augmentée (AR) et Réalité Virtuelle (VR)

L'AR et la VR transforment l'expérience utilisateur en offrant des interactions immersives et engageantes.

- Expérience client enrichie : L'AR et la VR créent des expériences client immersives, permettant d'essayer virtuellement des produits ou de visualiser des configurations complexes.

Exemple : Une boutique de meubles utilise la VR pour permettre aux clients de visualiser des meubles dans leur espace avant l'achat, réduisant les retours et améliorant la satisfaction.

- Formation et éducation : La VR offre des environnements de formation immersifs pour simuler des scénarios complexes et améliorer l'apprentissage.

Exemple : Une PME dans le secteur de la santé utilise la VR pour former les travailleurs médicaux sur des interventions chirurgicales dans un environnement simulé.

Automatisation intelligente des processus (RPA + IA)

L'automatisation des processus robots (RPA) combinée à l'intelligence artificielle crée des systèmes capables d'automatiser des tâches plus complexes.

- Automatisation des processus métiers : Les solutions RPA automatisent les tâches répétitives, tandis que l'IA apporte une capacité décisionnelle pour les tâches plus complexes.

Exemple : Une entreprise de services financiers utilise l'automatisation intelligente pour traiter les demandes de prêt plus rapidement et avec une précision accrue.

En restant attentives à ces tendances émergentes, les PME peuvent anticiper les évolutions technologiques et saisir les opportunités qui en découlent. Ces innovations offrent des moyens puissants d'améliorer l'efficacité opérationnelle, d'enrichir l'expérience client et de renforcer la compétitivité sur un marché numérique en constante évolution.

10.2 Préparer votre PME pour les futures évolutions technologiques

Pour garder une longueur d'avance et rester compétitive, une PME doit se préparer activement aux futures évolutions technologiques. Cela implique de mettre en place des stratégies, des structures et des pratiques qui permettront à l'entreprise de s'adapter rapidement et d'exploiter les nouvelles opportunités. Ce sous-chapitre explore les étapes clés pour préparer votre PME aux innovations et technologies émergentes.

Planification à long terme

La planification stratégique à long terme est essentielle pour anticiper les évolutions technologiques et aligner les objectifs de l'entreprise avec les opportunités futures.

- Veille technologique :
  - Mettez en place un système de veille technologique pour surveiller les innovations et les tendances émergentes dans votre secteur. Cela peut inclure la participation à des conférences, la lecture de publications spécialisées, et l'abonnement à des newsletters technologiques.
  - Exemple : Une PME dans le secteur de la santé suit les nouvelles tendances en télémédecine et technologies médicales pour adapter ses services.

- Feuille de route technologique :
  - Développez une feuille de route technologique qui indique les technologies à adopter à court, moyen et long terme. Priorisez les investissements en fonction des besoins de l'entreprise et de l'impact potentiel des

technologies.

- ◦ Exemple : Établir une feuille de route pour intégrer progressivement l'IA dans les opérations de service client, suivie de l'adoption de la blockchain pour sécuriser les transactions financières.

Flexibilité et adaptabilité organisationnelle

Créer une culture et une structure organisationnelle flexibles permet à votre entreprise de s'adapter rapidement aux évolutions technologiques.

- Culture de l'innovation :
  - ◦ Favorisez une culture qui encourage l'innovation, l'expérimentation et l'acceptation du changement. Encouragez les employés à proposer de nouvelles idées et à participer aux initiatives de transformation numérique.
  - ◦ Exemple : Organiser des hackathons internes où les employés peuvent collaborer sur des projets technologiques innovants.

- Structures agiles :
  - ◦ Adoptez des structures organisationnelles agiles qui permettent des changements rapides et des réponses efficaces aux nouvelles opportunités. Utilisez des méthodologies agiles comme Scrum ou Kanban pour gérer les projets technologiques.
  - ◦ Exemple : Une PME utilise des équipes cross-fonctionnelles et des sprints de développement pour accélérer le déploiement de nouvelles fonctionnalités sur sa plateforme en ligne.

Investissement dans les compétences et la formation

Le développement des compétences numériques de vos employés

est crucial pour exploiter pleinement les nouvelles technologies.

- Formation continue :
  - Mettez en place des programmes de formation continue pour maintenir les compétences de vos employés à jour avec les dernières technologies et pratiques numériques. Utilisez des formations en ligne, des ateliers et des certifications pour offrir un apprentissage flexible et accessible.
  - Exemple : Offrir des cours en ligne sur des plateformes comme Coursera ou Udemy pour former les employés à l'IA, à la cybersécurité ou à l'analyse de données.

- Recrutement de talents technologiques :
  - Attirez et recrutez des talents ayant des compétences technologiques avancées pour renforcer votre équipe et apporter de nouvelles perspectives. Collaborez avec des universités et des centres de recherche pour identifier les talents émergents.
  - Exemple : Recruter des experts en data science et en apprentissage machine pour développer des solutions basées sur les données.

Partenariats et collaborations

Les partenariats stratégiques et les collaborations peuvent accélérer l'adoption de nouvelles technologies et offrir des ressources supplémentaires.

- Partenariats avec des startups :
  - Collaborez avec des startups innovantes pour bénéficier de leurs technologies de pointe et de leur approche agile. Les partenariats peuvent inclure des projets conjoints, des investissements ou des acquisitions

stratégiques.

- ◦ Exemple : Une PME dans l'industrie alimentaire collabore avec une startup spécialisée dans l'agriculture verticale pour adopter des pratiques agricoles durables.

- Écosystèmes d'innovation :
  - ◦ Participez à des écosystèmes d'innovation, tels que des incubateurs, des accélérateurs ou des clusters technologiques, pour échanger des idées et des ressources avec d'autres acteurs du secteur.
  - ◦ Exemple : Rejoindre un cluster technologique pour accéder à des infrastructures partagées, à des mentors et à des financements pour des projets R&D.

Adoption progressive des technologies

Adopter les technologies de manière progressive et réfléchie permet de minimiser les risques et de maximiser les bénéfices.

- Pilotes et projets pilotes :
  - ◦ Lancez des projets pilotes pour tester les nouvelles technologies à petite échelle avant de les déployer à grande échelle. Utilisez les résultats des pilotes pour évaluer les performances et ajuster les stratégies.
  - ◦ Exemple : Une PME teste un outil d'analyse prédictive pour optimiser les stocks dans certaines de ses succursales avant de l'étendre à l'ensemble de l'entreprise.

- Retour d'expérience et itération :
  - ◦ Recueillez les retours d'expérience des utilisateurs finaux et apportez des améliorations continues aux technologies déployées. Adoptez une approche itérative pour

affiner les solutions en fonction des besoins réels.

- ◦ Exemple : Utiliser les retours des employés sur un nouveau logiciel de gestion de projet pour apporter des ajustements et améliorer l'expérience utilisateur.

En prenant des mesures proactives pour se préparer aux évolutions technologiques futures, les PME peuvent non seulement rester compétitives, mais aussi tirer pleinement parti des opportunités offertes par la transformation numérique. Une planification stratégique, une culture d'innovation, des investissements dans les compétences et des collaborations judicieuses permettent de naviguer avec succès dans un paysage technologique en perpétuelle évolution.

CONCLUSION

L a transformation numérique est une aventure qui offre des possibilités exceptionnelles pour les PME. Bien menée, elle permet non seulement d'améliorer l'efficacité opérationnelle et la satisfaction client, mais aussi de catalyser l'innovation et la croissance. Ce guide pratique a fourni les outils, les stratégies et les exemples concrets nécessaires pour entreprendre ce voyage avec confiance et clarté.

Du diagnostic initial de l'état actuel de votre entreprise à l'élaboration d'une stratégie numérique robuste, en passant par l'importance cruciale de la culture d'entreprise, de la formation continue et de l'adoption des bonnes technologies, chaque étape de ce processus est essentielle pour garantir une transformation réussie. Les témoignages et études de cas démontrent que, quelles que soient la taille ou le secteur, les PME peuvent tirer un immense avantage de la digitalisation.

En restant attentives aux tendances émergentes et en se préparant aux futures évolutions technologiques, les PME peuvent non seulement s'adapter à un environnement en constante évolution, mais aussi saisir des opportunités nouvelles qui se présentent. La flexibilité, l'innovation et la proactivité sont les maîtres-mots pour naviguer avec succès dans l'univers numérique.

En somme, la transformation numérique n'est pas un but en soi, mais un moyen puissant de réaliser les objectifs stratégiques et d'assurer la pérennité et la prospérité de votre entreprise. À mesure que vous avancez dans ce processus, continuez à apprendre, à expérimenter et à vous adapter, car c'est ainsi que vous exploiterez pleinement le potentiel de la digitalisation.

Bonne transformation numérique !

www.ingramcontent.com/pod-product-compliance
Lightning Source LLC
Chambersburg PA
CBHW071938210526
45479CB00002B/728